Eckart von Naso · Preußische Legende

ECKART VON NASO

PREUSSISCHE LEGENDE

Geschichte einer Liebe

WOLFGANG KRÜGER VERLAG
HAMBURG

Im gleichen Verlag erschien
Eckart von Naso
DER RITTMEISTER

Copyright 1939 by Wolfgang Krüger, Berlin
Gesamtherstellung: J.J. Augustin, Glückstadt
Einbandgestaltung: Hans Hermann Hagedorn
Printed in Germany, 1952

PREUSSISCHE LEGENDE

In einem der Säle des Rheinsberger Schlosses hängen zwei Bilder, die offenbar nichts miteinander zu tun haben. Sie hängen dort unter mancherlei Porträts im Rokokostil, und man ist, nach einem flüchtigen Blick, geneigt, an ihnen vorüber zu gehen wie an anderen auch.

Das eine Bild zeigt ein junges schönes Mädchen, das zweite eine alte häßliche Frau. Das Gesicht des Mädchens ist sanft gerundet, von jener zarten, sinnlichen und bezaubernden Frische, wie wir sie in der frühen Blüte des Jahres wiederfinden. Das Gesicht der alten Frau ist einem scharfschnäbligen Geier ähnlich, und wenn man nicht genau zusieht, könnte man meinen, eine Studie des Großen Königs vor sich zu haben, wie ihn die Gewalt von zehn Kriegsjahren für die Unsterblichkeit geprägt hat.

Beide Bilder aber, so unvereinbar sie scheinen, berichten von dem gleichen menschlichen Wesen, der gleichen Frau: Anna Amalia von Preußen, Friedrichs jüngster Schwester, die unvermählt als Äbtissin von Quedlinburg starb. Zwischen beiden der Bogen, der sie verbindet, liegt im Dunkel.

Aus Bruchstücken einer unvollständigen, vielfach lügenhaften Überlieferung habe ich versucht, ein Schicksal zu ergänzen, das im strengen Rahmen der preußischen Geschichte wie eine Legende anmutet. Ich habe an diese Legende nicht gerührt. Sie trägt ihre Wahrheit in sich selbst – auch dort, wo die geschichtliche Wahrheit sich in anderen Formen ausgesprochen haben sollte. Das weiß heute niemand mehr. Anna Amalia hat das Geheimnis der beiden Bilder mit ins Grab genommen. Deshalb mußte sie die Geschichte ihrer Liebe selber erzählen. E. v. N.

WERBUNG

Ich, Anna Amalia, Prinzessin von Preußen, genannt Amélie, schreibe, daß heute Ostern ist. Zwar weiß ich nicht, welches Datum oder welchen Tag der Woche man zählt. Aber als ich heute am Morgen die Havelwiesen entlang ritt, stieg ein feierliches Licht über ihnen auf. Wege und Äcker waren noch schwarz, ihr schwerer Geruch wollte mich traurig machen, die ersten Zugvögel trieben mit den Wolken zusammen in einem Wind, der von dorther kam, wo nicht mehr Potsdam und Preußen ist – und plötzlich brach die Sonne durch. Es schien mir, als sprengte sie die Erde auf, ich selber aber, von der Lichtflut ergriffen, in einem unbeschreiblichen Glück, stieg, taumelte und begann schon zu fliegen. Deshalb weiß ich, daß heute Ostern ist.

Meine Schwester Ulrike wandte den Kopf. Sie saß, gerade aufgerichtet, mit ihrer schönen Haltung zu Pferd und sah mich ruhig an. „Du bist so schweigsam, Amélie. Worüber denkst du nach? Es ist ein angenehmer Morgen, nicht zu kühl und nicht zu warm. Der Frühling scheint unterwegs." Sie sah jetzt, zwischen den spielenden Pferdeohren hindurch, auf das Wasser der Havel, das in unzähligen Silberstreifen aufblitzte und verging.

Das Licht, dachte ich, schmilzt noch das Silber im Wasser hin. Es ist kein Widerstand mehr in der Welt. Dieses furchtbare und berückende Licht reißt uns alle in seinen Abgrund hinein.

Übrigens schien Ulrike von solchen Abgründen nichts zu merken – und auch der Stallmeister Henning nicht. Der ehemalige Korporal im Regiment Garde du Corps hatte uns, als wir klein waren, die Kunst des Reitens gelehrt und begleitete uns jetzt, wann immer wir ausritten, wie eine Mutter ihr Kind. Auf seinem hartmäuligen Braunen, mit knarrendem Sattelzeug, folgte er uns in kleinem Abstande nach, und wir hörten ihn dann und wann mit seinem Pferd reden, dem er freundlich oder ergrimmt zusprach. So ritten wir schweigend, in leichtem Trabe, die Wiesen entlang, und ich begriff eigentlich zum erstenmal, daß es zwei verschiedene Arten von Leben gibt, die sich, wie parallele Linien, niemals begegnen, es sei denn in der Unendlichkeit. Das hatten wir in der Mathematikstunde gelernt, und ich glaubte, es wäre ein Lehrsatz wie andere auch, zum Vergessen bestimmt. Offenbar aber hatte er seine Richtigkeit in der wirklichen Welt. Denn weder Ulrike noch der Stallmeister Henning machten sich Gedanken über das osterliche Licht.

Im Gegenteil hielt Ulrike nach einiger Zeit ihre immer unruhige Rappstute an. „Wir wollen umkehren, wenn es dir recht ist. Es wird wahrhaftig schon heiß, und ich liebe die Sonne nicht. Sie verbrennt nur die Haut und blendet die Augen. Meinst du nicht auch, Amélie?"

„Es mag sein", erwiderte ich, während wir im kurzen Bogen wendeten, und war froh, daß Ulrike meinem Geheimnis nicht auf die Spur kam, obwohl sie klüger ist als ich und drei Jahre älter dazu. Später aber horchte ich auf und erschrak.

„Zu Ostern", begann Ulrike, ihr Mund bewegte sich kaum, wenn sie sprach, „stehen uns große Dinge bevor."

Ich wußte nicht, was sie meinen konnte. Denn die großen Dinge, diese traurigen, schönen, unbegreiflichen Dinge waren ja rings um uns her, sie rissen mich fast entzwei. Doch dann merkte ich bald, daß ich mit der Nutzanwendung meines mathematischen Lehrsatzes recht behalten sollte.

„Zu Ostern", fuhr Ulrike fort, „trifft eine Gesandtschaft des Kronprinzen Adolf Friedrich von Schweden beim König ein. Ich habe es von einer Hofdame unserer Mutter, der Königin-Witwe, erfahren."

Es kämen, antwortete ich, viele Gesandtschaften zu Hof, und die Politik kümmere mich nicht sehr.

„Diese vielleicht doch." Ulrike lächelte, sie sah sich flüchtig nach dem Stallmeister Henning um, der indessen mit seinem Braunen Zwiesprache hielt, und sagte: „Der Herzog von Holstein, der einmal König von Schweden sein wird, will eine von uns Schwestern zur Frau." Ihr Gesicht war unbewegt und so edel wie immer, als sie schloß: „Ich glaube – dich."

Die Häuser von Potsdam tauchten auf, und neben der Linde, wo meinem Bruder, dem König, die Bittschriften hinterlegt werden, hob sich das Stadtschloß aus dem Sand des Lustgartens in die blaue Luft des Mittags empor, von fernher durchsichtig wie aus Kristall gebildet, welches ein Merkmal des frühen oder späten Jahres ist.

Mein Pferd sprang zur Seite, ich mußte es ins Maul gerissen haben. „Mich – sagst du, Ulrike?"

„Warum nicht?" antwortete sie hochmütig. „Man liebt dich ja sehr. Sogar der König ist dir vor uns Schwestern allen zugetan. Und es scheint mir keine kleine Sache, einmal Königin von Schweden zu werden. Königin", wiederholte sie und hob den Kopf. Ihre Lippen hatten sich geöffnet, aber es war wohl nur, weil sie die wunderbare Luft um uns her tiefer schmecken wollte. Ich spürte die Luft schon auf meiner Haut.

„Das geht nicht an", sagte ich. „Wer Königin von Schweden werden will, muß den Glauben wechseln. Und ich glaube doch." Das Licht brach wieder über mich herein, der Geruch der Erde, die herbe Süßigkeit der märkischen Landschaft. In ihr war alles, was ich bisher gelebt und geglaubt hatte: die strenge Jugend und ein soldatisches Königtum, das Elternhaus von Preußen und sein reformiertes Bekenntnis, auf das der Erste Friedrich Wilhelm, mein Vater, gestorben war. Man durfte ihm nicht untreu werden.

„Das bißchen Glauben", meinte Ulrike und rieb mit ihrem Reitstock spielerisch über die Stirn des Pferdes hin. Der Rappe spitzte daraufhin die Ohren und drehte den Kopf. „Es ist nicht unsere Schuld, wenn sich die Reformatoren vor endlosen Jahren gestritten haben. Ob Luther oder Calvin, das wäre mir Hekuba, wie unser Bruder Fritz sagt – und er denkt wie ich. Für einen Mann, den ich liebte", sie überlegte ohne Hast und sagte statt dessen „für einen Mann, den die Königskrone erwartet, würde ich es mit dem Propheten der Muselmänner aufnehmen."

„Du ja, Ulrike." Es trat ein Schweigen ein. Dann, aus meinen Gedanken heraus, sagte ich: „Nimm es mir ab."

Jetzt war es Ulrike, die, kurz verhaltend, ihr Pferd an den Zügeln riß, daß es stieg und auf den Hinterhufen tanzte.

„Hoho", rief der Stallmeister Henning beruhigend und kam näher.

Ulrike blinzelte ihm spöttisch zu. Sie saß mit

ihrem hochmütigen Lächeln wie eine Amazone im Sattel und bekam den Rappen ohne Mühe wieder in die Hand. „Siehst du wohl", sagte sie dabei, und man wußte nicht, ob sie mich, den Stallmeister oder das Pferd meinte. Dann ritten wir im Schritt weiter. Nur die Hufe mahlten leise im Sand der Berliner Straße, auf die wir abgebogen waren. Sonst blieb eine große Stille ringsum, und in ihr war nur die Bläue und das Licht.

Wir hatten uns schon dem Tor genähert, als Ulrike das Gespräch noch einmal aufnahm. „Du sagst, daß ich es dir abnehmen soll, aber es liegt nicht an uns. Das bestimmt unser Bruder, der König, und die große Politik."

„Du bist klug, Ulrike, und sehr geschickt. Du bist auch schöner als ich."

Ohne darauf einzugehen, meinte Ulrike nur, ihre Stimme klang erregter als sonst: „Weißt du übrigens, kleine Amélie, daß du im Begriff bist, ein Stück Weltgeschichte zu verschenken? Ich will dich nicht übervorteilen, es könnte dir leid tun."

Ich schüttelte den Kopf. Das war nicht meine Welt. Meine Welt war klein wie die Mark oder unermeßlich. Schweden mit einer lutherischen Königin war es nicht. Und ganz insgeheim – aber das ahnte ich damals nur – stieg etwas herauf, das mit Luther und Calvin wenig, alles aber mit diesem brennenden Leben zu tun hatte.

Wir überquerten jetzt die Brücke. Über uns die Zugvögel trieben noch immer gestaffelt oder in Ketten am Himmel hin, und wenn sie die Havel überflogen, hielt das Wasser ihr Bild für eine Sekunde im Spiegel fest, zitternd und fast verwischt.

„Es wird mir nicht leid tun", sagte ich.

„Nun gut", meinte Ulrike schon wieder gleichmütig. „Wir wollen nicht mehr davon sprechen und warten, wie es unser Bruder, der König, halten wird." Damit ritten wir in die steinernen Kolonnaden des Lustgartens ein. Während die Wache ins Gewehr trat, sprang der Stallmeister vom Pferd, um uns beim Absteigen behilflich zu sein.

Der Flügel der Prinzessinnen im Potsdamer Stadtschloß ist der Galerie angegliedert, die mein Vater, der verstorbene König, mit den Bildern seiner Generale ausgeschmückt hatte – den Bildern auch jener längsten Grenadiere, die das Gardemaß noch um einen Kopf überschritten. Dort die vier letzten Zimmer, zwei der Lustgartenfront und somit der Garnisonkirche zu gelegen, die beiden anderen über Eck gegen den Platz der Nikolaikirche gerichtet, bewohne ich.

Es war an einem Nachmittag des April 1744, der Tag war stürmisch und trübe, Regenschauer jagten vorbei. Ich las in den Poesien des Herrn Voltaire und war gerade auf einen Vierzeiler gestoßen, den er im Jahr zuvor meiner Schwester und mir gewidmet hatte:

> *Si Pâris venait sur la terre*
> *Pour juger entre vos beaux yeux,*
> *Il couperait la pomme en deux,*
> *Et ne produirait pas de guerre —*

als die Hofdame Agneta von Kannstein erschien, um den Besuch des Oberzeremonienmeisters von Pöllnitz anzumelden. Ich begab mich in den kleinen Empfangssalon, den ich mit meiner Schwester teilte. Eben trat auch Ulrike ein, und der Kammerherr verbeugte sich, indem er mit einer Drehung, deren Geschmeidigkeit seinem schwerfälligen Körper kaum zuzutrauen war, uns beide zugleich begrüßte. Dabei zwinkerte er mit untertäniger Vertraulichkeit, und zwischen den schmalen Schlitzen der Lider erschien sein Auge, als wäre es nackt. Ich liebe diesen Pöllnitz nicht. Er ist fragwürdig und unentbehrlich, wie alle Narren, auf deren Kosten sich der Hof belustigen darf.

Des Königs Majestät, sagte Pöllnitz, lasse die Prinzessinnen zu sich bitten, sogleich und – wenn es verraten werden dürfe – in delikater Mission.

„Nein", meinte Ulrike kühl, „es darf nicht verraten werden. Wir danken."

Der Kammerherr, dem in dieser Welt nichts geschehen konnte, man hätte ihm denn mit einer Axt den Schädel spalten müssen, schüttelte sich belustigt und verschwand. Weil er selbst ohne geistiges Gewicht war, nahm er kein Ding wichtig außer der eigenen Person.

„Es ist die schwedische Allianz", sagte Ulrike doppelsinnig, „nur daß sie sich um ein weniges verspätet hat. Ostern ist schon vorbei." Seit wir damals über die Havelwiesen geritten waren, hatten wir nicht mehr davon gesprochen. „Sei klug und stelle dich überrascht. Fritz liebt das, du wirst es wissen."

Wir gingen durch die Galerie, vorüber an der stufenlosen Treppe, die mein Vater während seiner Krankheit hatte einbauen lassen, damit man ihn im Räderstuhl zum Lustgarten fahren konnte. Wie immer, wenn ich zum König gerufen wurde, klopfte mein Herz, und ich bewunderte Ulrike, deren edle Lässigkeit jeder Erschütterung mit Gleichmut standhielt. Sie schien mir bis ins Letzte geformt, während ich, unsicher in mir selbst, zwischen Schwäche und Kraft hin und her geworfen, fürchten mußte, niemals wirklich erwachsen zu sein.

Der gewohnte Weg wurde weit. Wir bogen in die Zedernholzgalerie ein, wo die Fahnen der Garde aufgestellt waren, und von Mollwitz, Czaslau und Chotusitz wehten Grauen und Glorie des Krieges auf uns zu. Wir durchschritten die Paradekammern und den Bronzesaal, den Marmorsaal, der dem Gedächtnis des großen Brandenburgers geweiht ist und traten in das runde, ganz in Gold getauchte Konzertzimmer ein, wo die Flöte des Königs auf das hellgetönte Fortepiano hingelegt war, als habe sie eben erst sein Atem beseelt, während die heiteren Gemälde von Lancret und Pesne die Musen noch zu beflügeln schienen, die dort umgingen.

Vor dem Schreibkabinett des Königs, diesem schmalen, doch lichten Raum aus Silber und tiefblauem Samt mit dem Drachenkopf, in dem die Luftheizung mündet, und der bronzenen französischen Stutzuhr an der Wand, erwartete uns der Adjutant von Bülow. Er öffnete die Tür – das Kabinett war leer. Einen Augenblick sahen wir durch das Seitenfenster uns gegenüber die Bittschriftenlinde im Sturm gebogen, man konnte das Geräusch der kahlen Äste hören und den Wind, der sich hier im Winkel der Fronten verfing.

Der Adjutant ging mit leisen Schritt weiter. Im anstoßenden Raum, der in weiter, kühner Linienführung Bibliothek und Schlafzimmer verbindet und aus beiden ein zweites Arbeitskabinett geschaffen hat – dort vor dem Tisch mit Silberbeschlag saß der König und schrieb. Da er das Haupt geneigt hielt, sah man nur die Stirn, die scharf vorspringende Nase und den schmalen Mund. Es war das Gesicht eines älteren Mannes eher als das eines Zweiunddreißigjährigen. Der Adjutant wagte nicht den König zu stören, der König wiederum blickte nicht auf. So standen wir zu Dritt schweigsam und warteten. Draußen vor den Fenstern fuhr der Wind durch die Linde, dann und wann klatschten Regenbäche die Scheiben entlang.

Der König hob den Kopf, bemerkte uns ohne Erstaunen und sagte: „Da sind Sie, Prinzessinnen, liebe Schwestern. Wie ist Ihr Befinden an diesem trüben Tag?" Er stand auf, winkte dem Adjutanten – der Offizier zog sich zurück –, trat auf uns zu und küßte uns die Wangen. „Sie sehen vorzüglich aus, Ulrike, und Sie auch, kleine Amélie."

Wir dankten ihm und gaben das Kompliment zurück. Wirklich war er, seit er sich vom Schreibtisch erhoben hatte, verwandelt und wie ein junger Gott anzusehen. Trotzdem konnte ich es nicht hindern, daß mich seine Nähe wie immer verwirrte. Auch Ulrike, so sicher sie sich gab, hatte etwas von ihrem lässigen Hochmut eingebüßt. Da mich der Blick des Königs festhielt, anders als sonst, mit einer prüfenden Eindringlichkeit, die mich ängstlich machte, wurde ich unruhig und stammelte: „Was befiehlt die Majestät?"

Der König, so schien es mir, horchte dem Klang meiner Stimme nach. „Seien Sie nicht förmlich, Amélie. Ich spreche nicht als König zu Ihnen, sondern als Ihr Bruder Fritz."

Er lud uns ein, Platz zu nehmen, setzte sich selbst,

während das Windspiel Biche die zitternde Flanke an den Stiefel des Königs schmiegte, und begann zu sprechen. In der Tat sprach er wie ein Bruder, vertraut, doch ohne Vertraulichkeit. Ein Abstand blieb. Er fragte, und wir antworteten. Da er unsere Befangenheit merkte und uns helfen wollte, erkundigte er sich nach dem, was unser Leben ausmachte, den Hofdamen und den Kammerjunkern vom Dienst, den Studien der schönen Künste, unsern Pferden und Hunden, wobei er einmal den edlen Kopf des Windspiels durch seine Hand gleiten ließ. Dann, fast ohne Übergang, sprach er von seiner Frau, der Königin Elisabeth Christine, die wir insgeheim die Witwe von Preußen nannten, und von unseren Schwestern Schwedt und Bayreuth. Von dem, was wir erwartet hatten, sprach er nicht. Ich sah mit einem halben Blick zu Ulrike hin, auch sie schien verwundert, doch eher neugierig als enttäuscht.

Es mochte eine Viertelstunde vergangen sein, als der König sich erhob. Sein Lächeln verschwand. Das große blaue Auge sank in eine Einsamkeit zurück, in die niemand ihm folgen konnte. Die Worte auch, die er sprach, kamen aus einer Weite, wo der Bruder aufgehört hatte zu sein, und der König, ein fremdes, unberührbares Wesen, Gesetze gab.

Solches sagte er. Der König von Preußen stand in Europa allein. Er hatte eine Schlacht gewonnen, die nichts anderes war als der Beginn einer Epoche von Kriegen, in denen er nicht nur eine eroberte Provinz, sondern einen Staat von fünf Millionen Preußen gegen die Gewalt der europäischen Großmächte zu verteidigen gezwungen sein würde.

Der König sah über uns weg. „Seien Sie versichert, meine Schwestern Prinzessinnen, ich werde ihn verteidigen, mit Messern und Zähnen, bis ich so oder so am Ende bin. Dazu aber brauche ich Bundesgenossen und Geld."

Er schwieg und ging mit seinen heftigen Schritten die Zimmer entlang, vorbei an den barocken Schränken der Bibliothek, hinter deren Glasscheiben die Klassiker Roms ihr schweigsames Leben führten, unsterbliche Zeugen einer Kraft, die von der Vernunft regiert wird. Dann kehrte er zu uns zurück.

Abermals schien er verändert. Aufgeschlossen jetzt und nahezu heiter in der Überlegenheit eines kunstreichen politischen Schachspiels fuhr er fort – und sprach zu uns, wie er zu einem seiner Minister gesprochen haben würde: „Nachdem sich die Zarin Elisabeth zur Vermählung des Großfürsten Peter mit der Prinzessin Katharina von Zerbst entschlossen hatte, war es nicht mehr schwer, ihre Einwilligung zur Verbindung" – sein Auge faßte uns beide und blieb auf mir ruhen – „zur Verbindung einer meiner Schwestern mit dem neuen Thronfolger von

Schweden zu erhalten. Auf diese beiden Heiraten", sagte er noch, „gründet Preußen seine Sicherheit. Eine preußische Prinzessin, die dem schwedischen Thron so nahesteht, kann gegen ihren Bruder, den König, keine Feindschaft empfinden, und eine Großfürstin von Rußland, die in Preußen aufgewachsen ist und ihr Glück dem König verdankt, kann ihm nicht schaden, ohne undankbar zu sein."

Es war eine großartige Endgültigkeit in Friedrichs Worten, ich mußte sie bewundern, trotzdem widersetzte ich mich ihr tief von innen her. Es war das erstemal, daß es geschah, ich wußte nicht, woher ich den Mut zu solcher Verwegenheit nahm.

Der König bemerkte es, er schien überrascht, einen Augenblick beinahe verletzt, daß wir seinen Worten nicht zustimmten, denn auch Ulrike schwieg, eher freilich abwartend als widerstrebend.

Eine lastende Stille trat ein. Der König nahm seinen Gang wieder auf. Dann blieb er vor mir stehen. „Warum antworten Sie nicht, meine Schwestern?" fragte er, wobei er nur mich ansah. „Ich habe Ihnen einen Plan von Wichtigkeit vertraut, Sie erweisen sich nicht als gute Preußinnen."

Das Blut schoß mir ins Gesicht. „Die Religion –" wagte ich zu entgegnen, aber er unterbrach mich sogleich, jetzt ohne Schärfe, mit einem Unterton von brüderlicher Zärtlichkeit.

„Sie wissen, meine Schwestern, ich bin nicht

fromm und in Dingen des Glaubens duldsam. Trotzdem glaube ich – mögen auch die Vorzeichen der unendlichen Gleichung Gott für mich andere sein als für Sie." Er sah an uns vorüber zum Fenster hin. Die Pappeln im Lustgarten, die das Bassin mit der Tritonengruppe umgaben, bogen sich im Sturm. „Wenn wir aber", fuhr Friedrich fort, „über den Tod hinaus dauern, so werden wir, was an uns ewig ist, mit hinübernehmen, in welchen Formen auch der vergängliche Leib gelebt und geglaubt hat."

Abermals trat ein Schweigen ein. Ich hätte sagen können: es ist nicht der Glaube allein. Etwas hält mich fest, das mit Schweden nichts mehr zu tun hat. Es ist das Unsagbare zwischen Wiesen und Wasser, Wolken und Wind, das hier und sonst nirgends zu Hause ist.

Ich sagte es nicht. Auch der König hätte es nicht verstanden, ich selber verstand es kaum. Ulrike indessen, der das Gespräch schon zu lange zu dauern schien, warf mir einen verstohlenen Blick zu, wobei sie ein Lid einkniff. Ihr Gesicht war gleichmütig wie stets, doch fühlte ich die Wachsamkeit ihrer Haltung. Aber Friedrich zog sie nicht mehr ins Gespräch, er wartete auf meine Antwort. Die Antwort blieb aus. Der Bruder wandte sich ab.

Es war der König, der jetzt die Audienz knapp, kühl, aus einer unnahbaren Ferne beendete. „Wir haben Sie mit unserer Entscheidung als Chef des Hauses Preußen bekanntgemacht. Die Gesandtschaft von Schweden trifft in wenigen Tagen ein. Leben Sie wohl, meine Damen." Er klingelte, der Adjutant von Bülow erschien, wir beugten, wie es der Brauch vorschreibt, das Knie und waren entlassen.

Als wir schon durch die Galerie mit den Bildern der Generale zurückgingen, sagte Ulrike – und gebrauchte jenen Beinamen des Sonnengottes, den unser Bruder Heinrich dem König spöttisch gegeben hatte: „Es ist kein Zweifel, Phaëton hat dich auserwählt."

„Er hat zu uns beiden gesprochen."

„Weil er klug ist und nicht von einem zwanzigjährigen Mädchen genarrt werden will. Er hält sich zwei Wege offen."

„Was soll ich tun, Ulrike?"

Wir standen jetzt in dem kleinen Empfangssalon, der uns beiden gehörte. „Gehorchen", sagte Ulrike nur, aber ihre Stimme bebte.

„Ich kann es nicht, ich habe es dir schon damals gesagt."

Dann, meinte Ulrike, hätte ich es auch dem Bruder sagen müssen.

„Das ist unmöglich, wenn er als König spricht. Er hat recht, und alles scheint richtig. Aber ich habe auch recht. Das wird er nicht verstehen."

Ulrike zuckte die Achseln, jede ihrer Bewegungen war gemessen, voller Anmut und Sicherheit. „Und alles wegen des weiland Herrn Calvin", meinte sie nur.

Ich antwortete leidenschaftlich, weil mich ihre Gleichgültigkeit kränkte: „Nicht nur wegen dieses Calvin, das weißt du auch."

Sie hob verwundert die Brauen, die als zarte, vollkommen gleichmäßige Halbmonde das Auge umrandeten. „Nein, das weiß ich nicht." Sie schien nachzudenken und schloß: „Ach so, das ist wie mit dem Fischer und seiner Frau. Du willst Kaiserin werden?"

Miteins schlug die Stimmung um, ich mußte lachen, auch Ulrike lachte. „Nein", rief ich, „bestimmt will ich nicht Kaiserin werden, soviel ich sonst auch vom Leben will. Nur soll man mich nicht zwingen."

„Zwang", sagte Ulrike, „bleibt uns Geschwistern nicht erspart, solange Fritz König ist. Aber wir werden es ja sehen." Damit trennten wir uns.

In den nächsten Tagen, man schrieb jetzt Anfang Mai, war ich uneins mit mir selber. Ich blieb in meinen Zimmern, weinte viel, wurde häßlich, wäre gern getröstet worden, wagte aber nicht, mich aufzuschließen, da es keine Worte gab für das, was mich bewegte. Es war eine Sehnsucht ohne Sinn und Ziel.

Ich hätte mich in den Äckern vergraben, auf den wieder besonnten Wiesen tanzen mögen, bis ich umfallen würde. Ich wollte im Wasser vergehen, mich in Luft auflösen, aber es hätte das Wasser der Havel sein müssen, die flimmernde Luft über dem märkischen Sand. Ich war wie toll und besessen vom Mai, ich liebte jede Hauswand in den Straßen der Potsdamer Residenz, jeden Strauch, der im Winkel blühte, gelb, rot, flammend und violett. Die Skulpturen über dem Marstall waren ein Stück von mir, die springenden Brunnen im Bassin des Lustgartens, die tiefvertrauten Melodien des Glokkenspiels, das sich im Turm der Garnisonkirche sichtbar wie ein lebendiges Gliederwerk bewegte. Ich liebte den Trommelschlag der Wachen, die kupfernen Mützen der Grenadiere. Und je größer die Gefahr wurde, daß ein Machtwort des Königs mich aus dem geliebten Boden der Kindheit herausriß, mich einem unbekannten Mann in einem fremden Lande zu geben, um so tiefer verfiel ich dem, woraus ich gezeugt und geworden war.

Ich ersann Listen, die Pläne des Königs zu durchkreuzen. Es waren kindliche Listen, ich verwarf sie wieder. Ich wollte mich meiner Mutter, der Königinwitwe, anvertrauen, aber die Mutter hielt sich in Dingen der Politik achtsam zurück, seit ihr Sohn König war. Ich wollte dem König selber mein Herz öffnen. Aber er durfte – das sah ich wohl, ich war seine Schwester – sein Herz nicht sprechen lassen, wenn das Wohl des Staates in Frage stand. Schließlich wollte ich wenigstens Sicherheit haben, ob mein Schicksal entschieden sei. Da der König uns, seit jenem kurzen Empfang, nicht mehr zu sich gerufen hatte, beauftragte ich die Hofdame Kannstein, Erkundigungen anzustellen, wie die Sache der schwedischen Brautwerbung stünde.

Es verging eine Zeit, ich hätte lesen können und las nicht, ich hätte ausreiten können und ritt nicht aus, als die Hofdame zurückkam. Merkwürdig schien es, daß ich mir eigentlich niemals die Mühe genommen hatte, Agneta Kannstein anzusehen. Sie war da, das genügte, sie gehörte zu meinem Leben, mehr brauchte es nicht. Aber diese Maitage zwischen Besessenheit und Besorgnis mußten mir einen neuen sehenden Blick gegeben haben.

Das Gesicht der Hofdame, da sie jetzt ins Zimmer trat, war mir zugekehrt, dunkeläugig, von einer klugen, knabenhaften Stirn überwölbt, die Backenknochen zeichneten sich unter der Haut ab, der Mund war beweglich, doch ohne rechte Form. Wie sie so dastand, auf den hohen Schäften der Beine, die Schultern ein wenig hängend nach ihrer Art, doch breit, darüber der pagenhaft schmale Hals, schien sie mir ein Mensch ohne Glück, nicht gemacht, ihren Anteil vom Leben selbst zu gewinnen, darum hingegeben dem Dienst, wenn auch ohne

Leichtigkeit. Sogleich schloß ich sie in mein hundertfältig erwachtes Gefühl ein. „Hast du Nachricht?" fragte ich, und es kümmerte mich in diesem Augenblick weniger die Antwort selbst als die Art, wie sie antworten würde.

Das dunkle, etwas zu enge Auge streifte mich. Die Nachricht sei nicht gut. Ich fühlte mich mutig genug, sie zu hören. Aber dann erschrak ich doch.

Der Herzog von Holstein, berichtete das Fräulein, habe beim preußischen Hof um die Prinzessin Anna Amalia angefragt.

„Ist es bewiesen und kein Gerücht?"

Die Hofdame hatte das Schreiben selber gelesen, das ihr der Graf von Gotter durch seinen Sekretär zureichen ließ.

„Und der König?" fragte ich schnell.

Des Königs Majestät, so glaube man jetzt, wolle die Wahl dem schwedischen Gesandten Tessin überlassen, der, an Stelle des Herzogs, die Brautwerbung überbringen werde.

„Ach", sagte ich, „wir sind übel dran."

Die Hofdame wußte darauf nichts zu erwidern, und eine Weile saßen wir, ohne zu sprechen, in meinem Boudoir, während draußen das Licht der untergehenden Sonne im schrägen Strahl über den Lustgarten fiel, und dahinter, schon im Schatten, die gelbe Häuserzeile zur Garnisonkirche hinführte, deren Turmfenster noch im Widerschein funkelten.

Plötzlich summte in meinem Kopf eine Melodie. Ich sprang auf, setzte mich vor das kleine Fortepiano, das mir der König, mein Bruder, geschenkt hatte, und begann zu spielen. Seltsamerweise wurde es ein harter militärischer Marsch.

„Das ist eine gute Musik", hörte ich die Stimme der Hofdame. „Wie nennt sie sich?"

„Sie hat keinen Namen, ich habe sie eben erfunden. Es ist ein preußischer Marsch, Agneta, weil ich nicht Kronprinzessin von Schweden werden will." Ich spielte weiter, eine Kraft ohnegleichen erfüllte mich. „Man muß nur Mut haben und sich nicht fürchten." Und ich schlug in die Bässe ein, als gälte es, eine ganze schwedische Gesandtschaft in die Flucht zu schlagen.

Aber als der Tag sich näherte, war es mit meinem Mut nicht mehr weit her. Die Brautwerbung türmte sich schreckhaft wie ein Gebirge auf. Ich kam darüber nicht fort.

Am Mittwoch vor jenem Sonntag, den man Kantate nennt, traf der schwedische Abgesandte Graf Tessin in Potsdam ein, begleitet von jungen Adligen, die, wie man sich erzählte, allesamt von auserwählter Schönheit sein sollten.

Da Ulrike und ich mit unseren Damen das Stadtschloß von der Außenfront betraten, stand auf der oberen Galerie der Eingangshalle, die aus grauem schlesischem Marmor erbaut ist, der Oberhofmarschall Graf Gotter und nickte uns zu. Dann blinzelte er, heiter blickend, zum Deckengewölbe empor, wo die „Segnungen des Friedens" von Pesne eigens zum Empfange des Schweden leicht und farbig ersonnen schienen.

Ulrike nickte zurück, während wir jetzt die rechte der beiden hinschwingenden Treppen mit den blumenhaft durchbrochenen Bronzegeländern aufwärts stiegen, vorüber an den Pagen des Königs, die dort, gleich den mythologischen Figuren des Mars und der Venus, Wache hielten.

„Die Hoheiten", sagte Gotter, sein mächtiges Gesicht strahlte, „tun einen Gang, als wie der Doktor Martinus, da er in den Wormser Reichstag einzog."

Ulrike lachte, doch klang ihr Lachen nicht echt, ich merkte es wohl, sie war erregt.

Der Graf stand groß und gutgelaunt vor uns auf der Galerie, nicht anders als an anderen Tagen, und da ich mich umwandte, ob die Hofdamen folgten, sah ich durch das hohe, in kleine quadratische Felder geteilte Fenster über dem Portal den Turm der Nikolaikirche mit seinem gewaltigen Rund. Nichts hatte sich verändert, die Erde bebte nicht, alles stand fest, es konnte nichts fehlen.

Als wir weitergingen, an den Spiegeln des Konzertsaales vorbei, hielt ich einen Augenblick an.

„Was tust du?" fragte Ulrike.

„Ich freue mich, daß ich häßlich bin." In der Tat hatte ich ein ungünstiges Kleid gewählt, mein Gesicht war verschwollen und starr, weil ich bis zum Morgen geweint hatte, so sehr ich mich dafür auch verachtete.

Der Marmorsaal war vom Gewirr vieler Stimmen belebt. Es verstummte, da Pöllnitz unseren Eintritt durch lässiges Aufklopfen mit dem Stab der Kammerherrn anzeigte. Dann hob das leise Brausen wieder an. Es waren dort versammelt der Hof und die Generalität, in ihren Reihen die Brüder August Wilhelm, Heinrich und der vierzehnjährige Ferdinand. Die vertrauten Gesichter waren uns heiter, ja mit einer höflich beherrschten Spottlust zugewandt. Das gerade stärkte meinen Trotz, während Ulrike ihre bewunderungswürdige Sicherheit nicht verlor. Ich unterschied Uniformen und Namen. Schwerin tauchte auf, selbst in großer Gala wie ein Krieger anzusehen, der mit nackter Brust gegen den Feind reitet, und der alte Fürst Leopold mit dem noch nach barocker Mode gestutzten Bärtchen auf der Oberlippe, Marwitz und Rothenburg, Retzow und du Moulin.

Abermals wurde es still. Mit der regierenden Königin zusammen hatte unsere Mutter den Saal betreten. Da wir ihr die Hand küßten, sah sie uns nur einmal lange und prüfend an. Von dem, was uns bewegte, sprach sie, wie ich es erwartet hatte, kein Wort. Der Sohn war jetzt der Staat, vor seiner Souveränität schwieg das mütterliche Mitgefühl. Wir traten zurück und warteten. Eine Zeit verging. Dann hörte man gedämpft die Uhr der Garnisonkirche schlagen.

Der Oberhofmarschall führte die schwedische Gesandtschaft ein. Im gleichen Augenblick trat der König aus dem Bronzesaal. Er begrüßte den Abgesandten schnell und mit jener anmutigen Leichtigkeit, die eine Partie schon gewonnen hat, ehe sie noch beginnt, ließ ihn durch Gotter den Königinnen vorstellen und wandte sich darauf uns zu.

Es ist merkwürdig, wenn in Wirklichkeit geschieht, worauf man sich lange gefreut oder wovor man sich lange gefürchtet hat. Die Phantasie schweigt, der alltägliche Ablauf setzt ein, die Gegenwart wird nackt, sachlich und überrennt das Gefühl. Weder fürchtete ich mich, noch freute ich mich. Ich war im Brennpunkt so vieler Blicke einfach befangen und maßlos verwirrt.

Als ich jetzt, nur solange ein Lid sich hebt oder senkt, im Auge des Königs Rat suchte, fand ich dort etwas, das mich vollends bestürzte: den Schein eines Lächelns, das aus dem Herzen des Bruders kam. Ich wurde schwach und war bereit, mich zu ergeben.

Ein kühles, leichtsinniges Gesicht, adlig geprägt,

in dem Weltklugheit und Hochmut sich zu einer abschätzenden Ironie einten, streifte mich. Die zweifelnden, trotzdem zudringlichen Augen des Schweden suchten mit gewohnheitsmäßiger Sieghaftigkeit von mir Besitz zu ergreifen.

Ich hielt dem Blick stand, als wäre ich erfroren. Alle guten und schlechten Vorsätze waren ausgelöscht. Es war nichts mehr da als ein Mann, der mir albern schien und mißfiel. Ich konnte ihm weder Entgegenkommen noch höfisches Wesen, Gefühl oder Klugheit vorspielen. Am liebsten hätte ich ihm mitten ins Gesicht gelacht.

Der Graf merkte es und zog sich unmittelbar zurück, so ausgesucht seine Formen auch weiterhin blieben. Dieses geheime Duell dauerte nur einige wenige Sekunden und wurde von niemandem beobachtet als vom König und meiner Schwester Ulrike. Unbegreiflicherweise aber trug auch ich eine Wunde davon, als wir uns trennten. In dem Auge des Schweden hatte sich nicht nur die verletzte männliche Eitelkeit gespiegelt, sondern auch die Enttäuschung über die Anmutlosigkeit eines Mädchens, dessen Ruf bis in die nordischen Länder gedrungen war. Das blieb, so gut es in meine Rechnung stimmte, als kleiner bohrender Stachel zurück.

Der König, als wäre nichts geschehen, ging jetzt mit dem Gesandten auf Ulrike zu, vor der er mir, gegen das Zeremoniell, den Vortritt eingeräumt hatte. Ulrike tat nichts anderes als dazusein. Mit ihrer gleichbleibenden Liebenswürdigkeit ließ sie sich das Kompliment des Schweden gefallen, der zusehends ernster und beflissener wurde, nicht nur darum, weil sie einige belanglose Worte der Begrüßung mit ihm gewechselt hatte. Sie nahm, was ich ihr überlassen hatte, bedenkenlos, doch ohne Triumph. Die Verbeugung, mit der sich der Schwede von Ulrike verabschiedete, war die des Untertanen vor seiner Königin.

Der Empfang ging weiter. Als allegorischer Gott sah der große brandenburgische Kurfürst aus den Riesengemälden der Wände und des Deckengewölbes auf das Fest der preußisch-schwedischen Allianz herab. Und es schien ihm heute wohl ratsamer, dieses Land Schweden durch ein bräutliches Bett zu gewinnen als es in die Sümpfe von Fehrbellin zu jagen, wie er es einstmals getan hatte.

Die Kutschwagen standen zur Abfahrt bereit. Der Hof übersiedelte zur Feier des förmlichen Verspruchs zwischen Ulrike von Preußen und dem Kronprinzen Adolf Friedrich von Schweden nach Berlin.

Es hatte in diesen Tagen merkwürdig in mir ausgesehen. Ein spannendes politisches Spiel war im Gange, ich aber spielte nicht mehr mit. Obwohl ich es nicht anders gewollt hatte, kam ich mir schon manchmal wie auf eine Insel ausgesetzt vor, indessen die Hochzeitsschiffe, von Jubel erfüllt, mit kostbarer Fracht beladen, vorüberzogen, fremden Ländern und Himmeln entgegen, und mich vergaßen. Ich schalt mich selbst eine Närrin, die nicht wußte, was eigentlich sie vom Leben verlangen wollte, die ausschlug, was sich ihr bot, und im freiwilligen Verzicht so wenig zufrieden war, wie sie es in einer zweifelhaften Erfüllung gewesen wäre. Ein Wort ging mir nicht aus dem Kopf, es stammte von Augustin, ich hatte es nicht verstanden, als ich es in der Religionsstunde lernen mußte, jetzt langsam bekam es seinen Sinn: „Unser Herz ist unruhig, bis es ausruht in dir." Wer aber war dieses „Du", das uns Ruhe gab?

Ulrike, im wehenden Reiseschleier, trat aus der Tür. „Ich habe dich warten lassen", sagte sie, „verzeih, Amélie. Es ist immer viel zu bedenken und mehr zu tun." Sie stieg neben mir ein. Hinter uns, in den Kutschen, die für die Umgebung bestimmt waren, nahmen die Hofdamen und Kammerjunker Platz. Die Wagen rollten durch den mailichen Tag auf der Straße nach Berlin. Der König, so hieß es, wolle gegen Abend nachfolgen.

„Wir werden", begann Ulrike eine kühle, doch liebenswürdige Unterhaltung, als spräche sie bereits vom Thron der Kronprinzessinnen aus, „wir werden nicht mehr häufig zusammen über Land fahren. Vielleicht ist es das letzte Mal."

Ich hörte ihr nicht sehr aufmerksam zu. Die Luft um uns her und der zirpende Ton der Vogelstimmen im Gesträuch, die Wiesen im Licht, die dunklen Bataillone der Wälder, die fern bis über Charlottenburg hin die Straße begleiteten, berauschten mich und machten mich wieder froh. Mochte ich vor den Augen der Hofchargen, vielleicht auch vor der eigenen Eitelkeit eine Schlappe erlitten haben, mochten sie über mich spötteln und sich die Mäuler zerreißen, ich lebte, mich sollte es nicht mehr kränken. Ich war zwanzig Jahre, es konnte mir nichts geschehen.

„Liebst du ihn schon?" fragte ich und hatte Lust alle Welt herauszufordern.

„Lieben?" fragte Ulrike zurück. „Ich werde Kronprinzessin sein." Dabei zog sie das Medaillon mit dem Bilde des Herzogs leidenschaftslos unter dem Schleier vor, um es zu betrachten. „Er sieht aus wie ein Herr, dem man vertrauen darf. Übrigens", setzte sie mit einem Lächeln hinzu, „ist das Medaillon so kostbar wie er." In der Tat war es ein ausgesuchtes Stück der Goldschmiedekunst, mit Edelsteinen und Brillanten verziert. Der schwedische Graf hatte es als Gastgeschenk überbracht.

„Ja, es ist richtig, du liebst ein Bild. Mir würde das nicht genügen." Da Ulrike zwischen Ernst und Scherz die schönen Brauen hochzog, sagte ich noch und war stolz, einen solchen Gedanken gefunden zu haben: „Vielleicht liebt man immer nur ein Bild."

„Du bist ja sehr klug", meinte die Schwester verwundert.

Der Gedanke gefiel mir so gut, daß ich ihn ausspann. „Wenn man später entdeckt, daß der Mensch dem Bilde nicht gleicht, könnte man anfangen, ihn zu hassen, weil er uns enttäuscht hat. Besser aber ist es, man fährt fort, das Bild zu lieben. Sonst, Ulrike, gäbe es die Liebe nicht."

Die Schwester schien betroffen. „Ach, Amélie, was verstehst du schon von solchen Sachen?"

„Man weiß manches, was man nicht versteht."

Plötzlich legte mir Ulrike den Arm um die Schulter, alle kronprinzliche Hoheit war abgetan. „Der Abschied wird mir schwer werden, von dir, von Fritz, von der Mutter und den Brüdern." Sie schwieg und sagte noch: „Weißt du, wie wir das erstemal von dieser schwedischen Heirat gesprochen haben? Jetzt ist es so gekommen, wie wir beide es wollten." Mit der Feierlichkeit einer Kronprinzessin schloß sie: „Ich habe nun die preußische Sendung in Schweden und das königliche Amt."

„Nimm das Amt und die Sendung, Ulrike, nimm den Kronprinzen dazu. Ich bin glücklicher, ich habe das Leben noch vor mir."

LEIDENSCHAFT

Der alte Fürst Leopold mit dem barocken Bärtchen auf der Oberlippe – man sagte, er färbe es schwarz – kam mit einem Kelch voll Champagnerwein auf mich zu. „Die Hoheit", sagte er und sah mich liebevoll an, „hat Dero Herrn Bruder, dem König, frondiert."

Ich lachte. „Frondiert wohl, doch bin ich nicht desertiert."

Das Stimmengewirr im Weißen Saal des Berliner Schlosses, da noch die Musik spielte und die Schritte der Tanzpaare auf dem Parkett schleiften, war so stark, daß der Feldmarschall nicht verstand und die Hand an die haarige Muschel des Ohres legte, um besser zu hören.

„Subordination", rief ich hinein, „Schweden ist weit, ich bin in Preußen geblieben."

„Den Teufel ja, hier bleibt man, ob man auch flucht. Die kleine Hoheit soll mir darauf die Ehre erweisen." Er hielt mir den Kelch hin, ich trank, eine wirbelnde Freude am Leben faßte mich. Ich reichte ihm den Kelch zurück, er trank ihn bis auf den Grund leer. Das immer noch wache Auge, vom

Rauch vieler Schlachten gebeizt, sank in eine dionysische Ferne zurück. Grollend, als spräche er zu sich selbst oder zu einem dritten Unbekannten, hörte ich Worte, die scheinbar sinnlos ihren Sinn aus diesem einzigartigen Kriegerleben bezogen: „Man muß Politik machen, Politik ist gut, und Krieg ist besser. Aber wer mit Brautbetten Politik macht, kennt die Liebe nicht. Ich, der von Anhalt, preußischer Feldmarschall, kenne sie. Sie ist die größeste unter ihnen." Er nickte, sich zur Bestätigung, stellte das Glas ab, verbeugte sich mit plötzlicher Förmlichkeit so, als habe er nicht eben den Dessauer im Feldherrn blicken lassen, und ging weiter. Das orangene Band des Schwarzen Adlers, das er über einer Art von altertümlichem höfischem Kettenpanzer trug, verlor sich in der Fülle der gesellschaftlichen Flut.

Einen Augenblick blieb ich allein, an eine der Säulen gelehnt, und sah, vom Wechsel der Farben und Lichter betäubt, diesem bunten, merkwürdigen Spiel zu, das die Erwachsenen erdacht haben, um sich zu vergnügen. Es trat jetzt etwas wie eine Stockung ein, die hin und her fließende Bewegung wurde langsamer und hielt ganz, die Stimmen ebbten ab.

Drüben, wo der König Cercle hielt, nahm ein Kornett Haltung an und ließ sich von dem durchdringenden Auge betrachten. Er stand dort, im roten Leibrock der Garde du Corps, wie ein junger

Gladiator anzusehen, mit breitgewölbten Schultern und schmalen Hüften vor dem König, den er um mehr als Haupteslänge überragte, und die Gäste blickten gespannt.

Von meinem Platz aus wirkte es wie der Ausschnitt aus einem Schauspieldivertissement, nur daß man den Text der gesprochenen Worte nicht verstehen konnte. Eben jetzt ließ der König den Rotröckigen eine Wendung beschreiben, so zwar, daß er ihn von allen Seiten mustern konnte, wobei er ihm einige offenbar gutgelaunte Worte zurief, die im Kreise der Zuschauer ein beflissenes Lachen weckten. Dann winkte Friedrich ihm ab. Der Kornett grüßte in militärischer Form und entfernte sich. Da aber die Herren und Damen, die bisher den König umdrängt hatten, jetzt ebenfalls zurückwichen, um den Weg freizugeben, so bildete sich gleichsam eine Furt, durch die der Kornett im roten Leibrock hindurchschritt, als wäre er allein auf der Welt. Er ging dem Ausgang zu und näherte sich dabei der Säule, an der ich stand.

Während es geschah, bemerkte ich den Grund der allgemeinen Heiterkeit. Es waren, wohl im Gedränge des Festes, die Tressen vom Uniformrock des Kornetts abgerissen worden und hingen jetzt in traurigen Fetzen herab. Das rote Kollett selber zeigte einen klaffenden Riß, als käme sein Träger nicht von einem königlichen Ballvergnügen, sondern von einer Rauferei. Daß ihn aber die Lächerlichkeit solchen Aufzuges nicht im geringsten zu stören schien und er durch die Reihen der mit inbrünstiger Sorgfalt gekleideten Kavaliere und Damen hindurchging, als wäre er der einzige, dessen Rock richtig und nach der Mode adjustiert sei – diese Selbstverständlichkeit der Anmaßung machte auch mich lachen. Und da ich vom Wein beschwingt, vom Rausch des Festes ergriffen war, ließ ich jede Regel des Zeremoniells außer acht und trat dem Kornett in den Weg. „Trösten Sie sich, Monsieur", rief ich ihm zu, „besser, der Rock muß dran glauben als die Haut."

Der Rotberockte blieb stehen, sah mich verwundert von oben her an und sagte: „Wer ist Sie denn überhaupt, Sie kleine, trostreiche Demoiselle?"

Ehe ich noch dazu kam, über die Ungeheuerlichkeit dieser Antwort zu staunen, fuhr er schon fort: „Aber wenn Ihre Hand so adroit ist wie Ihr Mund, so laufe Sie schnell, besorge Nadel und Zwirn und nähe die Dinger wieder an."

Hätte ich in diesem Augenblick nachdenken können – aus einem mir schwer erklärlichen Grunde konnte ich es nicht –, so hätte ich mich für verrückt halten müssen. Denn ich war wahrhaftig schon bereit, Nadel und Zwirn zu holen, wie er es verlangt hatte, als er selber mich zurückhielt, indem er meine Hand ergriff, sie zwischen seine beiden

Hände nahm und sie aufmerksam betrachtete. „Ja, die Hand ist adroit, sie ist sogar hübsch." Er bog die Finger ein wenig abwärts und blickte schnell und scharf in die Innenfläche der linken Hand. „Aber die Schicksalslinien sind nicht gut, da muß Sie sich vorsehen. Hört Sie auch zu?"

Ich hörte nicht mehr zu. Es war etwas geschehen, das ich nicht begriff. Ich hatte keinen Willen mehr. Der fremde Kornett im roten Rock der Garde du Corps, dessen Namen ich nicht kannte, von dem ich nichts anderes wußte, als daß er neben mir stand und meine Hand hielt, hatte bis zu einem solchen Grade Besitz von mir ergriffen, daß er plötzlich auf dem ganzen Erdkreis mit mir allein war. Er hätte mit mir fortgehen können, und ich wäre ihm gefolgt. Er hätte mich hier im Angesicht des ganzen preußischen Hofes küssen können, und es hätte mich nicht überrascht. Das war weder bestürzend, noch ein Schmerz, noch eigentlich ein Glück – es war ein einziges, überwältigendes Gefühl ohne Grenzen und Sinn. Ich hob den Kopf, um wenigstens sein Gesicht zu betrachten, denn ich kannte ja bisher, außer meinem Gefühl von ihm, nur die wenigen leichtfertigen Worte, die er gesagt, den spöttischen Blick, mit dem er mich von oben her angesehen hatte.

Wie nicht anders zu erwarten, war auch sein Gesicht mir tief vertraut, das Gesicht des jungen

Alexander, als er auszog, weil Mazedonien ihm zu eng war. Ich kannte die Augen, die, weit auseinandergestellt, zwischen Glut und Kälte wechselten, die Nase und den kühnen, sinnlichen Mund. Ich kannte seine Schultern und Hände, die Hüften und die federnden Beine des Reiters bis zu den Füßen herab. War es ein frühgereifter Knabe oder ein ephebischer Mann? Ich hätte nicht einmal sagen können, ob er schön oder häßlich war.

Das alles aber vollzog sich im Ablauf einiger weniger Minuten, die unendlich vervielfacht waren, als hingen die Gewichte von Jahrhunderten ihnen an. Es gab keine Zeit mehr. Es gab nur eine schwer zu begreifende Stille mitten in einer leeren Welt.

In die Stille hinein drang eine blecherne Stimme: „Dieser Trenck wird so geliebt, daß ihm die Damen schon die Tressen von der Uniform reißen, um sie als Andenken zu bewahren." Es war die Stimme einer Frau.

Der Kornett hob jetzt ebenfalls den Kopf. Aber seine Augen suchten die Stimme nicht, sondern mein Gesicht. Der Spott war aus seinen Zügen verschwunden, er wollte etwas sagen, sprach es nicht aus, eine große Verwunderung machte ihn stumm, und alles in allem schien es ihm nicht viel anders zu gehen als mir, obwohl es dessen nicht bedurft hätte. Denn daß er überhaupt da war, hätte mir schon für ein Leben genügt.

Ich weiß nicht, wie kurz oder wie lange wir voreinander standen und uns ansahen. Dann riß der Nebel entzwei, der bisher die Geräusche gedämpft, die körperlichen Gestalten verborgen hatte. Es wurde klar, hell und laut um uns. Wir waren wieder im Weißen Saal des Berliner Schlosses, und neben dem Kornett tauchte das listenreiche Fuchsgesicht des Oberzeremonienmeisters von Pöllnitz auf. Des Königs Majestät, sagte er und drehte sich wie ein Pfau, wünsche mit der Hoheit Schwester auf das Wohl der schwedischen Herrschaften anzustoßen.

Es war nun nicht so, daß ich etwa aus einem Traum aufgeschreckt wäre. Im Gegenteil merkte ich, daß ich die ganze Zeit über hellwach gewesen war, wie es den gottgeweihten Männern und Frauen gehen soll, wenn sie eine Vision empfangen, sie nehmen Irdisches und Überirdisches gleichermaßen wahr. Es fiel mir sogar wieder ein, daß ich die blecherne Stimme der Gräfin Distelrode erkannt hatte, als sie von den liebenden Damen und den Tressen der Uniform sprach. Indessen war ich aufs äußerste gespannt, wie die Anrede des Kammerherrn sich in der Haltung des Kornetts widerspiegeln würde, da er mich ja für eine Demoiselle vom Hofdienst gehalten hatte.

Seine Haltung änderte sich nicht. Es mochte sein, daß ich eine Prinzessin und die Schwester des Königs war. Was sich aber in den Minuten vorher begeben hatte, blieb um vieles wichtiger. Zwar gab der Kornett meine Hand frei – weder er noch ich hatten bemerkt, daß er sie noch hielt – sein Körper straffte sich, er stand jetzt eher als Soldat denn als Liebender vor mir, aber er rührte sich noch immer nicht vom Fleck, und es schien ihm die Rede verschlagen zu haben.

Hier griff der Kammerherr von Pöllnitz ein. Ich weiß nicht, ob er wirklich einen Auftrag des Königs erfüllte oder herbeigekommen war, um eine Situation zu retten, die erheblich gegen die Etikette verstieß. Sicher ist, daß sich heute und hier in dem Hofnarren ein Herz verriet, und wenn ihm selber auch die Freude am Spiel der Intrige im kleinen funkelnden Auge saß, so deckte er uns doch mit gutem Anstand gegen den Hof.

„Ich wußte nicht, mein Herr Baron von der Trenck", begann er, „daß Sie schon die Ehre hatten, der Prinzessin Anna Amalia präsentiert zu sein."

Der Kornett Trenck, von dem die Distelrode behaupten wollte, daß ihn die Damen liebten, gab, den Blick auf mich gerichtet, eine Antwort, die sowohl ja als nein bedeuten konnte.

„Sie haben", fuhr Pöllnitz fort, „die Gelegenheit aufs schnellste wahrgenommen, da Sie ja erst heute morgen – um es genau zu sagen: ein Viertel vor sechs in der Frühe – von dem Kommando des russischen Pferdekaufes mit Eilpost nach Berlin zurückgekehrt sind."

Es war eine wunderbare Vertrautheit, eine Gemeinsamkeit, die berauschend blieb, daß wir – der Kornett und ich – dem Kammerherrn zuhörten, der nicht für diesen oder jenen, der für uns beide sprach und seine erheiternde Kenntnis von den Vorgängen bei Hofe zum besten gab. In der Tat pflegte es ihm nicht zu entgehen, wenn im Umkreis des Berliner oder Potsdamer Schlosses eine Stecknadel zur Erde fiel. Wahrscheinlich schlief er wie ein Hase noch mit offenen Augen.

„Sie haben die Gelegenheit wahrgenommen, Baron – freilich unter Umgehung der für Dinge des Protokolls verantwortlichen Person, die ich, nach des Königs Befehl, in mir zu sehen bitte. Sie haben schließlich", um seine Schläfen spann sich ein Netz von Falten, noch die Säcke unter seinen Augen, die hängenden Wangen triumphierten, „Sie haben schließlich Ihre geistreichen Studien auf dem Gebiete der Handlesekunst, welche man auch Chiromantia nennt, an Dero Hoheit", die Verbeugung galt mir, „in praxi angewandt, wobei ich Sie dazu beglückwünschen darf, daß der Oberzeremonienmeister, nicht jedoch des Königs Majestät dieser Übung zugesehen hat."

Der Kornett Trenck bestätigte den Glückwunsch, der eine Drohung, jedenfalls einen Rat erkennen ließ, ernsthaft, ohne freilich besondere Anteilnahme zu bekunden. Ich aber liebte die weitausholende Geschwätzigkeit dieses närrischen Kammerherrn, weil sie die unwiderbringliche Zeit festhielt, die mir und dem Kornett gegeben war. In dem Wirbel der Stimmen und Tanzschritte, da die Geigen zur Sarabande aufspielten, Oboen und Flöten sekundierten und die Pauke den Rhythmus schlug, war ich von einer so berstenden und schmerzenden Glückseligkeit erfüllt, daß ich glaubte, der König, die Generäle, die Minister und Damen – allesamt müßten sie den Schrei hören, den ich in mir ausstieß, mochte er auch in meiner Kehle verschlossen bleiben.

Von neuem mahnte der Kammerherr und bat, die Unterhaltung zu beenden. Ach, es war eine schweigsame Unterhaltung, bei der nur die Blicke sprachen. Bisher, sagte Pöllnitz, habe uns die Säule verdeckt, aber jetzt scheine sich der Tanz auch in diesen Teil des Saales zu ziehen, und der König, wie bereits gemeldet, wünsche mit mir auf das schwedische Wohl anzustoßen.

„Es ist gut, ich komme." Ich reichte dem Kornett die Hand, der Kammerherr wandte uns wie von ungefähr und sehr gegen das Zeremoniell den Rücken zu, ich zitterte wahrhaftig und schämte mich nicht, ich hielt die Hand des Kornetts fest und überließ mich diesen weit auseinanderstehenden

Augen, die mich in einer scheuen und verwirrenden Weise umklammerten, so spöttisch sie zu Anfang geblickt hatten. Es waren, jetzt sah ich es erst, die Augen eines Knaben, der es noch nicht verlernt hat anzubeten, indem er zugreift. Ich zog meine Hand zurück, es schien, als risse ein Stück Haut und Leben von mir ab, ich nickte zweimal wortlos, es war wie ein Schwur. Er aber rührte sich noch immer nicht, da ich ging, und blickte mir nach. Ich wandte mich nach ihm um und sah ihn in seinem zerschlissenen roten Rock stehen, den Gladiatorenkörper aufgerichtet, ich hörte an meiner Seite den Kammerherrn leise zur Vorsicht rufen: „*Gardez, Princesse*", und hatte es schon vergessen, weil ich nichts anderes fühlte als die Gewalt, die auf dieser Erde den Liebenden gegeben ist.

„*Gardez, Princesse*", wiederholte der Kammerherr zum andern Mal, „Seine Majestät, der König."

In der Tat hielt der König vor uns, im Kreise der Brüder und vertrautesten Offiziere. Ulrike war unter ihnen und der Schwede Tessin. Es schien aber, als wäre an diesem Abend der Überraschungen kein Ende. Da ich mich näherte, stutzte der schwedische Abgesandte, zog die Lider zusammen, als sähe er nicht genau, zweifelte, überlegte kurz und trat auf Pöllnitz zu mit der Bitte, ihn dieser ihm doch wohl fremden Dame zu nennen. Allerdings hatte er mich seit jenem ersten Empfang im Potsdamer Marmorsaal kaum noch gesehen und offenbar gemieden.

Pöllnitz glänzte auf, aber der König, ein zugleich weises und neugieriges Lächeln um den Mund, ließ den Oberzeremonienmeister nicht zu Worte kommen. „Es ist unsere Schwester Anna Amalia, Graf. Sie kennen sie", er zögerte, „oder vielleicht kennen Sie die Prinzessin nicht, vielleicht kennen wir sie alle nicht genau." Zwischen Spott und Ernst mir zugewendet fuhr er fort: „Ihre Wangen glühen, Amélie, Ihre Augen sind groß und glänzen, der Tanz steht Ihnen wohl an." Als er das fassungslose Erstaunen des Schweden bemerkte, sagte er noch: „Die Prinzessin Anna Amalia kann die schönste unserer Schwestern von Preußen sein, wenn sie es will – oder wenn Gott es will, der ja die Schicksale lenkt, die lutherischen und reformierten gleichermaßen."

Es wurde mir ein Glas gereicht, ich stieß mit dem König an, dem schwedischen Abgesandten, mit Ulrike zuletzt. Wir küßten uns, meine Haut brannte, da ich die Berührung ihres Mundes fühlte und an den Kornett Trenck denken mußte. In dieser Stunde wußte ich, weshalb es mir nicht bestimmt gewesen war, Kronprinzessin von Schweden zu werden.

In der Nacht fuhr ich auf, als hätte ich einen betäubenden Schlag erhalten. Aber es war nur der

Name Trenck, der mich aus dem Schlaf hochgerissen hatte und wieder zurückwarf. Ich glitt und fiel, eine Last tragend, die ich nicht abschütteln konnte, weil sie mich berauschte. Ich sank endlos, bis auf den Grund. Dann wurde es still. Lange lag ich so, bewegungslos hingegeben, und trieb weiter, der korallene Grund gab mich frei. Ich stieg und floß hin, über mir das Wasser begann zu klingen. Es rauschte auf von Geigen und Flöten, Oboen und dem wirbelnden Paukenschlag. Das ganze Meer barst von Sarabanden und Tanzschritten, die sich verstrickten, es donnerte von Musik. Plötzlich schwieg jeder Laut. In der dämmernden Stille, die sanft zu glühen anhob, kam eine einzelne Stimme auf mich zu, sprach Worte, die ich nie gehört hatte, und verging.

Als ich am Morgen aufwachte, fand ich mich lange nicht zurecht. Dann erkannte ich, daß ich mich nicht in meinem Potsdamer Zimmer, sondern im Berliner Schloß befand – und im gleichen Augenblick war auch das Erlebnis Trenck wieder da. Aber es sah jetzt am frühen Tage anders aus als im festlichen Glanz des Abends und sogar noch während der Nacht, da ich aus einem unruhigen Schlaf oftmals aufgeschreckt war, um zwischendurch – wie ich mir mit einer gewissen Beschämung eingestand – albernes und übersteigertes Zeug zu träumen, wie es einer preußischen Prinzessin aus soldatischem Hause nicht zu Gesichte stand. Freilich konnte man es dem Champagnerwein oder auch dem Tanz zugute halten, und die Träume, wie man sagte, sollten ja von Gott stammen, nicht aber dem lauteren oder unlauteren Wesen des Menschen ihr flüchtiges Dasein verdanken. Immerhin paßte sich, was mit dem Kornett geschehen war, in die gewohnte Ordnung nicht ein.

Ich stand auf, zog die Vorhänge zurück und sah in den Hof, den man nach dem Baumeister meines Großvaters Friedrich den Schlüterhof genannt hat. Er lag in seinem steinernen Quadrat majestätisch da, die Schloßfronten strebten gewaltig zur Höhe, ohne des Zaubers zu entbehren, den die musikalische Eingliederung der Säulen und Galerien dem mächtigen Massiv gab.

Trotzdem gefiel mir heute weder der Hof noch das Schloß überhaupt. Es war finster und drohend, eine rechte Trutzburg brandenburgisch-barocker Art, in der schon die deutsche Sehnsucht umging, während wir Geschwister alle, noch vom Vater her, die karge preußische Anmut Potsdams liebten, in der nicht nur Soldaten, sondern manchmal auch die Grazien zu Hause sind.

Außerdem machte der Tag dem Mai keine Ehre. Er war trübe und regnerisch, der Himmel hing schwer, und die Schritte der Fouriere und Ordonnanzen auf dem Steinpflaster des Hofes klangen mürrisch, als wären sie von diesem unfrohen Morgen angesteckt. Ich wollte wieder an den vorigen Abend denken, empfand ein Mißbehagen, ging vom Fenster fort, kleidete mich an, klingelte und bestellte die Frühstücksschokolade, die mir die Kammerfrau Höppner brachte, eine alte, mir sehr vertraute Dienerin mit samtenen Augen und einer Haut wie von Pergament. Ob sie das Fräulein von Kannstein rufen solle, fragte sie dabei. Ich schüttelte den Kopf und hatte keinen anderen Wunsch als den, allein zu sein.

Als ich aber vor dem runden Tisch aus eingelegten Hölzern saß, einer Arbeit französischer Schreinerkunst; als der angenehme Duft des Getränkes sich mit dem Geruch von Ambra mischte, das drüben auf dem Kamin in einer kleinen kupfernen Schale verdampfte, und das Wohlgefallen am Dasein zurückkehrte, einfach darum, weil ein zwanzigjähriger Magen sich freut, wenn er frühstücken darf – in dieser beruhigten und gelösten Stunde also brach das Erlebnis Trenck wieder über mich herein. Es begann wie ein feiner Schmerz und bohrte, es teilte sich vielen Kanälen mit, wurde heißer und schmerzlicher, ließ sich nicht mehr aufhalten, stürzte in alle Blutbahnen zugleich und riß mich mit sich fort. Es war wieder da wie am Abend vorher und stärker noch.

Ich versuchte mich zu schelten, ich lachte mich aus, daß ich, Amalia von Preußen, einem unbekannten Kornett aus der reitenden Garde auf den Leim gegangen war – so drückte ich es vor mir selber aus. Dabei wußte ich wohl, daß der Kornett nichts dazu getan hatte, mein Gefallen zu erregen. Im Gegenteil war ich es gewesen, die ihn angesprochen hatte, wenn auch nur zum Scherz. Ich beschwor das Bild des Königs, der kühlen Ulrike, der Eltern und der Ahnen. Das eine wollte so wenig helfen wie das andere. Schließlich hielt es mich nicht mehr. Ich sprang auf, ging aus der Tür, die langen Vorsäle entlang, um die Hofdame Agneta zu suchen. Aber sie war nicht in ihrem Zimmer.

Uneins mit mir selber ging ich weiter, verlief mich, denn in dem Gewirr des Schlosses fand ich mich schwer zurecht, und geriet in einen der Repräsentationsräume der Lustgartenfront.

Die schwere Luft von Sälen, die selten benutzt, darum auch selten gelüftet werden, schlug mit entgegen. Ich wußte nicht recht, ob ich weitergehen oder umkehren sollte, denn die Furcht, dem König ungerufen in einer seiner Staatskammern zu begegnen, hat mich nie verlassen. Deshalb erschrak ich wie ein ertappter Dieb, als ich hinter mir eine Stimme hörte. „Sieh da, kleine Schwester, was tust du in Phaëtons geheiligtem Bezirk?" Es war Friedrichs Stimme, aber da sie mich mit dem brüderlichen „Du" ansprach, konnte es der König nicht sein.

Ich fuhr herum und stand meinem Bruder Heinrich gegenüber. Seine Ähnlichkeit mit dem König ist groß, aber die Züge des damals Achtzehnjährigen zeigten noch jene unausgeprägte Form erwachsener Knaben oder kindlicher Männer, die gern zur Heiterkeit Anlaß gibt. Um so heftiger versuchte er, mit seinem scharfen, spöttischen, oftmals wirklich überlegenen Geist den Zwiespalt der Jahre zu überwinden.

„Ich bin neugierig, du weißt es", gab ich zur Antwort.

„Neugierig, Ihn zu sehen. Das trifft sich gut. Er spielt mit seinen Soldaten. Phaëton exerziert." Dabei ging er zum Fenster und öffnete es. Der Marschrhythmus der Pfeifen und Trommeln drang deutlich zu uns herauf. Ich trat neben den Bruder. Unten im Lustgarten exerzierte der König ein Bataillon Garde, um es dem schwedischen Gesandten vorzustellen.

Heinrich, trotz seiner Jugend ein befähigter Offizier, beobachtete die Bewegungen der marschierenden Truppe sachkundig, sogar erregt, als zucke es in seinen Händen, selber an jenem Stoff zu kneten, aus dem die Armee gemacht ist. „Ja", hörte ich ihn sagen, „er kann es, er exerziert gut. Das sind die Echelons der schrägen Schlachtordnung, die er dem

Epaminondas abgesehen hat, abgelesen hat, auf dem Papier, in den Büchern – und für den Exerzierplatz reicht es aus." Er fuhr fort, den großen Bruder im Lustgarten mit brennenden Augen Schritt um Schritt zu verfolgen. „Cäsar hat es ihm angetan und der Prinz Eugen, den er seinen Lehrmeister nennt. Der Ruhm des Marschalls von Sachsen macht ihm schlaflose Nächte." Er lachte bösartig auf. „Die Gebirge kreißen, und geboren wird der ridiculus mus der Römer – die Schlacht, die in Preußen Mollwitz heißt, die Phaëton verlor und Schwerin gewann, als der Feldherr Friedrich die Bataille verlassen hatte."

An Ausbrüche solcher Art gewöhnt, hatte ich nicht sehr aufmerksam zugehört. Aber jetzt stutzte ich. Hier war eine Leidenschaft am Werke, die mehr bedeutete, als die Überheblichkeit eines Achtzehnjährigen. „Wie sprichst du vom König?" warf ich zurechtweisend ein.

„Wie er es verdient", antwortete Heinrich schnell. „Er exerziert gut, zum Feldherrn gehört mehr." Heinrich schlug das Fenster zu und stand vor mir, selber ein kleiner Friedrich von Preußen, jedenfalls von dem fanatischen Willen beseelt, es dem König gleichzutun oder ihn zu überflügeln. „August Wilhelm ist weich", sagte er noch, „und Ferdinand ist ein Kind. Aber ich, Amélie, werde diesem Sonnengott eine Nuß zu knacken geben, an der er sich die königlichen Fangzähne ausbeißen soll."

Empört und erschreckt zugleich, erwiderte ich scharf, daß der Ehrgeiz den Bruder toll zu machen scheine. Er sei nicht Friedrich, daß er gegen einen König rebellieren dürfe, wie jener es als Kronprinz getan.

„Nein, ich bin es nicht. Deshalb bewundere ich ihn, und weil ich ihn bewundern muß, hasse ich ihn so oft." Seine Stimmung schlug plötzlich um, der Knabe brach durch, er lachte. Das seien keine Dinge für die Ohren eines Mädchens. Mädchen wollten anderes hören, er wisse schon, was ihnen gefällig sei. Es gäbe viele schöne Damen auf den Festen bei Hof. Und mit achtzehnjährigem Stolz begann er, mir von seinen Eroberungen zu erzählen.

Eine kleine Weile hörte ich zu, ohne eigentlich zuzuhören, ich dachte an den Kornett in der roten Uniform. Dann fing ich einen Satz auf, daß man wahrnehmen müsse, was sich biete, denn der Krieg stehe vor der Tür.

„Krieg?" Das Wort hing unwirklich, eine gespenstische graue Fledermaus, im Raum. „Niemand denkt daran."

Der König denke daran und die Kaiserin in Wien. Es wäre nicht das erstemal, das Phaëton unmittelbar von einem Fest in den Krieg reite. Warum solle es jetzt nicht ein Hochzeitsfest sein?

„Aber", sagte er und umarmte mich stürmisch, wie er es seit den Kinderjahren liebte, „vergiß auch das, Amélie. Heute und morgen haben wir noch Zeit, uns zu freuen."

Ich ging durch die Fluchten der Säle zurück und traf dort, wo unsere Zimmer begannen, die Hofdame Agneta mit dem Kammerjunker von Diest. Diest war ein Maler und auch sonst der schönen Künste beflissen, weshalb der große Knobelsdorff ihn unter seine Fittiche genommen hatte. Jetzt stand er, ziemlich unbequem gegen das Fenster gelehnt, und zeichnete die Galeriefront des Schlosses ab, wie sie sich, über den Schlüterhof hin, von unserem Flügel aus bot. Agneta sah ihm dabei über die Schulter zu.

Der Kammerjunker war so vertieft, daß er meine Gegenwart nicht bemerkte. Nur Agneta trat ein wenig zurück und versuchte, übrigens vergeblich, dem Diest ein Zeichen zu geben.

„Das macht Ihm wohl Spaß?" fragte ich mit plötzlich erwachter Neugierde und nahm Agnetas Stelle ein.

Der Junker fuhr herum, erkannte mich, grüßte und hielt mir wie zur Entschuldigung das Zeichenblatt hin. Ich sah kühne, schwingende Linien, Bogen, Pfeiler und wilde Schraffierungen, die eine Wand andeuten sollten, – die Schloßfront war es nicht.

„Aber Er zeichnet ja gar nicht ähnlich und nach der Natur", wunderte ich mich.

Daraufhin zog der Junker das Blatt mit einer raschen Bewegung zurück, als wolle er es vor mir schützen. „Man darf nicht nach der Natur zeichnen, wenn man die Natur machen will", meinte er ablehnend und sah mich aus vergrübelten Augen an.

Ich mußte lachen. Woher dann die Natur kommen solle, wollte ich wissen. Wenn man nicht versuche, das Natürliche natürlich abzuschildern, so müsse das Bild doch falsch werden.

Der Kammerjunker lächelte nachsichtig, wie ein alter Weiser, der mit einem Kind Zwiesprache hält. Dabei konnte er nicht viel älter sein als ich. Das Natürliche, sagte er langsam und mit etwas schwerer Zunge, das also, was wirklich aus der Natur kommt und darum das Leben selber ist, könne man niemals an der Außenfläche der Erscheinungen entdecken. Es liege dahinter, unsichtbar. Es sei eine Kraft, eine Gewalt. „Eine Gewalt", sagte er noch, „kann man nicht einfach durchpausen."

Es ergriff mich etwas an seinen Worten, vielleicht nur, weil ich durch den Kornett Trenck selber von einer Gewalt ergriffen war. „Aber", fragte ich ernsthaft, „wie will Er denn eine Gewalt malen? Man malt doch immer nur einen Menschen, ein Ding oder, wie Er es ausdrückt, die Erscheinung der Dinge."

Der Junker schüttelte den Kopf. Dieses eine, sagte er dann, könne man nicht erklären. Es sei das Geheimnis der Kunst.

Ich jedoch gab nicht nach. Man müsse erklären können, was man zu unternehmen willens sei. Mit Geheimnissen ließe ich mich nicht abspeisen. „Ich will Ihm ein Beispiel sagen – was hält Er von Pesne?" Pesne war der Maler des Hofes, einer der berühmtesten Maler der Zeit. „Malt er etwa Menschen und Dinge nicht, wie sie sind? Malt er nicht mit solcher Ähnlichkeit, daß man glauben könnte, ein Spiegelbild vor sich zu sehen? Was meint Er nun, Herr Kammerjunker von Diest?"

Einen Augenblick schien er in die Enge getrieben, jedenfalls überlegte er angestrengt. „Die Hoheit", sagte er, „führt eine gute Klinge, aber ich gebe mich nicht geschlagen." Sein unschönes Vogelgesicht begann von innen her zu glühen. „Pesne", fuhr er fort, „ist ein Meister des Bildes, der Farben, der Kunst und des Handwerks der Malerei. Ein Meister des Lebens ist er nicht, weil er die Abgründe nicht kennt, weil ihm die Gewalt fehlt, hinter die Gesichter zu sehen und zwischen Himmel und Hölle Menschen nach seinem eigenen Bilde zu schaffen." Als hätte er schon zuviel gesagt, schloß er jetzt: „Er bleibt in der Alltäglichkeit und konterfeit sie – freilich aufs ähnlichste und mit einer Anmut, um die man ihn beneiden könnte."

Ich war betroffen. Die Worte des Kammerjunkers, so fremd sie mich anrührten, gingen mir nahe, ohne daß ich sie ganz begriffen hätte. Doch wollte ich später darüber nachdenken. So ging ich weiter, schon wieder von dem einzigen Gedanken erfüllt, der mich im Schlafen und Wachen verfolgte.

„Agneta", sagte ich, als wir allein waren, „kennst du den Kornett von der Trenck?"

Ihr dunkler, ein wenig schräger Blick streifte mich, sie antwortete unbestimmt, daß der von der Trenck in vieler Munde sei.

„Ja, es ist richtig, die Damen lieben ihn." Als müsse ich mich verteidigen, setzte ich schnell hinzu: „Zu denen gehöre ich nicht. Ich kenne ihn kaum. Aber ich will alles von ihm wissen, hörst du, Agneta? Ich will es gleich wissen, du mußt dich beeilen." Ich bemerkte ihre ablehnende Verwunderung, kümmerte mich nicht darum und riet ihr, den Kammerherrn von Pöllnitz ins Vertrauen zu ziehen, der in seinem närrischen Kopf über Tote und Lebendige Buch führe.

„Den Kammerherrn nicht", erwiderte die Hofdame schnell. „Sein Ruf ist noch schlechter als der des Kornetts."

Ich wollte auffahren, bezwang mich, bat sie, Geschicklichkeit und Verschwiegenheit walten zu lassen, und mir zu vertrauen wie ich ihr. Darauf verabschiedete sich Agneta, ich blieb allein.

Von fernher, durch die Mauern gedämpft, hörte man die Trommeln und Pfeifen des Bataillons Garde, das der König dem schwedischen Gesandten vorexerziert hatte. Offenbar rückte es jetzt ab, den Quartieren zu. Die Marschmusik wurde leiser und verklang.

Ich zwang mich zur Ruhe. Ich versuchte eines nach dem andern zu denken, wie es die Vernunft vorschrieb. Aber die Luft wurde undurchsichtig, wenn man in das Geheimnis geriet.

Bisher hatte ich zwischen Soldaten und Pferden gelebt, am königlichen Hof zwar, dennoch, wie mir scheinen wollte, in einem abgeschlossenen Kreis, über den das Gleichmaß und die Ordnung entschied. Man konnte nicht fehlgehen, man fand sich zurecht. Ich hatte, was man mir bot, gern, dankbar und ohne zu fragen genommen, ich ließ darüber hin die eigenen Wünsche fliegen, nicht anders als man Jagdfalken aufsteigen läßt, die gehorsam in ihren Ring zurückkehren, wenn sie nicht mehr gebraucht werden. Alles in allem gab es keine Rätsel zu raten.

Das hatte sich jetzt geändert. Ein Erlebnis folgte dem andern. Jedes war fragwürdig und schwer zu begreifen. Nicht genug, daß sich die Schwester des Königs an einen Kornett verlor – der König selbst, diese unanfechtbare Macht aus Souveränität und Geist, mußte es sich gefallen lassen, daß man an ihm zweifelte. Es gab Männer, mein Bruder Heinrich würde nicht der einzige sein, die ihm bei mancherlei Bewunderung den Glauben versagten. Sie verspotteten ihn und bekämpften ihn im geheimen, seit heute wußte ich es. Sogar der Beiname des Lichtbringers Phaëton verlor in diesem Zusammenhang seine heitere Vertraulichkeit und wurde gefährlich.

Schließlich aber – es mochte ein Zufall sein, doch glaubte ich nicht daran – wurde die Meisterschaft eines Malers, den wir allesamt für vollkommen hielten, von einem halben Knaben angefochten. Ich hätte darüber lachen können, wenn ich aus seinen Worten nicht wieder etwas Neues und Unbekanntes erfahren hätte – Kunst war nicht Schönheit, sondern Gewalt. Mochte es immerhin eine Sache sein, über die sich streiten ließ. Aber wenn schon die Kunst, die doch nur ein Spiegel des Lebens war, wie ich es gelernt hatte, aus der Gewalt kam – wie sah es dann mit dem Leben selber aus, in das ich jetzt hineingerissen war, kopfüber, ohne Hoffnung und vielleicht auch ohne Wunsch, mich zu befreien.

Die Hofdame Agneta kehrte zurück und legte ein sauber beschriebenes Blatt vor mich hin. Dieses, sagte sie mit verschlossenem Gesicht, seien die Lebensdaten des Freiherrn Friedrich von der Trenck, wie sie in der Geheimkanzlei des Königs aufgezeichnet wären. Das Blatt sei gerade zur Hand gewesen, weil der Kornett eben erst von seinem Kommando zurückgekehrt und daraufhin der Suite des Königs zugeteilt wäre.

Das mürrische und unbeteiligte Gesicht der Hofdame kränkte mich fast zu Tränen. „Es ist gut. Ich danke Ihr. Sie kann gehen."

Agneta schien sich über meine kalte und verletzende Anrede kaum zu wundern und verließ das Zimmer. Sogleich tat mir meine Heftigkeit leid, doch konnte ich die Hofdame jetzt nicht zurückrufen. So begann ich zu lesen.

Folgendes las ich. Er war geboren am 16. Februar 1724 in Königsberg, wo sein Vater, Erbherr auf Groß-Scherlack, Schakulak und Meicken, in Garnison stand. Schon mit dreizehn Jahren wurde er auf der Universität Königsberg eingeschrieben. Drei Jahre später starb der Vater als Generalmajor. Der König indessen, der eben zur Regierung gelangt war, ehrte die achtzehn Kriegsnarben auf der Brust des Toten, indem er ihn mit den Würden eines Generalleutnants begraben ließ.

Mit vierzehn Jahren bestand Friedrich Trenck sein erstes Duell mit dem Herrn von Wallenrodt, einem ausgewachsenen und starken Mann, der ihn geohrfeigt hatte. Trenck schlug ihm Arm und Hand entzwei, blieb aber selbst unverwundet. Seine philosophischen Studien hatte er keinen Tag unterbrochen. Er vervollständigte sie durch Physik,

Physiognomik und Anatomie. Mit siebzehn Jahren disputierte er öffentlich. Drei Tage später erledigte er sein zweites Duell, dem in kurzer Zeit andere folgten, ohne daß er jemals ernstlich getroffen worden wäre.

Im November des Jahres 1743 nahm ihn der Generaladjutant Baron Willich von Lottum nach Potsdam mit, um ihn dem König zu präsentieren. Der König stellte den von der Trenck, da er hohen, kräftigen Wuchses und von unerschrockenem Gemüt war, in das Regiment Garde du Corps ein, wobei er ihm folgende Prüfung auferlegte. Er ließ ihn eine Liste mit fünfzig Namen lernen, die Trenck nach Ablauf von fünf Minuten auswendig und ohne zu stocken hersagen konnte. Darauf ließ er ihn einen Brief diktieren, so zwar, daß Trenck den Brief Satz für Satz in lateinischer, französischer und deutscher Sprache abfassen mußte. Da es aufs Glücklichste gelang, wurde ihm noch aufgegeben, eine Planzeichnung vom Sattel aus zu fertigen. Sie geriet so über Erwarten gut, daß der König den Kadetten zum Kornett ernannte, außerdem ihm tausend Silbertaler und zwei Hengste aus dem königlichen Marstall zum Geschenk machte. Schließlich nahm der nunmehrige Kornett von der Trenck sein Kommando, den Kauf russischer Pferde anlangend, mit rechtem Verstande wahr, also daß er, zur Garnison wieder eingerückt, der Suite Seiner

Majestät des Königs beigeordnet wurde und daselbst zur Verfügung blieb.

Im Begriff, das Blatt sinken zu lassen, entdeckte ich weiter unten einen Nachsatz, der, mit anderer Schrift flüchtig hingeworfen, folgendes besagte: Die derzeitigen von der Trenck, oftmals schon als rauf- und händelsüchtig verschrien, scheinen überhaupt zu wildem, unstetem Wesen geneigt, wie denn der Pandurenobrist Franz von der Trenck, ein Vetter des Friedrich, sich im Dienste der ungarischen Königin Maria Theresia großen Ruhm erworben, dessenungeachtet aber auch als Räuber und Marodeur einen gar üblen Namen gemacht hat.

Ich erinnere mich, daß – als ich dieses Schriftstück gelesen hatte – ich plötzlich in meinem Stuhl zusammenfiel und, das Gesicht in den Kissen, von einem so fassungslosen Schmerz geschüttelt wurde, daß ich glaubte, ich bräche entzwei. Es geschah nicht wegen des gleichgültigen Aktenblattes und seines gleichgültigen Inhalts. Mich kümmerte es wenig, ob der Kornett Trenck Händel gehabt hatte, der Pandurenoberst ein Mordbrenner genannt wurde. Aber zwischen Nacht und Morgen war etwas in mir zerrissen, das heilte nicht. Ich wollte bleiben und trieb fort. Ich trieb, wie in meinem nächtlichen Traum, in ein unbekanntes Dunkel hinaus. Es hieß nicht Trenck, es hatte keinen Namen, davor fürchtete ich mich.

Als in Berlin die Vorbereitungen zur Hochzeit begannen, übersiedelte der Hof wieder nach Potsdam. Es war eine schöne und glückliche Zeit. Wenn ich mit dem Stallmeister Henning die Havelwiesen entlangritt – Ulrike war jetzt selten dabei, weil sie ihre Aussteuer bewachte – so hatte ich Zeit, darüber nachzudenken, wie veränderlich doch das menschliche Herz ist.

Nach dem schrecklichen Sturm der ersten Tage, da ich geglaubt hatte, sterben zu müssen, war etwas eingetreten, das ich vor mir selber die „Windstille" nannte. Sie machte mich froh. Es war eine zauberhafte Erwartung in ihr, aber weder Unruhe noch Furcht. Ich wußte manchmal schon gar nicht mehr, wovor eigentlich ich mich gefürchtet hatte, da es doch eine Gnade des Himmels ist, wenn ein Mädchen zur Liebe bestimmt wird, mochte es auch nur die Liebe zu einem zwanzigjährigen Kornett sein.

Übrigens hatte ich ihn seit jenem Abend nicht wiedergesehen. Und so jung ich damals noch war, so hatte ich doch schon ein unbestimmtes Gefühl dafür, daß der Wunsch fast immer schöner ist als die Wirklichkeit und das Warten besser als die überstürzende Hast. Eines Tages würde alles sein, wie es sein mußte. Vielleicht würden dann auch die Zweifel und Schrecken zurückkehren, ich ahnte wohl, sie schliefen jetzt nur, aber ich hütete mich, sie aufzuwecken, und freute mich an jedem neuen Tag.

Schon wich der Frühling einem Vorsommer, der vom Geruch des jungen Grases erfüllt war, das Blühen schien kein Ende zu nehmen. Wo immer man an Gärten und Höfen vorüberkam, den Hekken der Promenaden, den Sträuchern, die wild am Wege wuchsen, war Farbe und sich erneuernder Trieb. Allgegenwärtig blendete das Licht in die Winkel der Häuser hinein, bis in die dämmernden Flure der Marställe und Quartiere ergoß es sich – man sah es, wenn man vorüberritt – und die Luft, von einem sanften Schwirren erfüllt, das vom Wind kommen mochte oder vom Fluge der Sperlinge, schmeckte wie Wein.

Am Abend eines solchen Maitages war es, wir hatten im kleinen Kreis beim König gegessen, der sich wie immer jetzt früh zurückzog, wir promenierten noch ein weniges im Schloßhof und zum Lustgarten hinaus, als der Kammerherr von Pöllnitz auf mich zutrat. Es hatte eine Zeit gegeben, da es mir Verdruß bereitete, mit ihm zu sprechen, ich scheute seine kleinen nackten Augen sehr. Aber seit jenem Abend fand ich in ihnen immer nur das Bild des Kornetts, deswegen konnte ich der närrischen Exzellenz nicht mehr gram sein.

Der Oberzeremonienmeister begann eines seiner üblichen Gespräche, die, läppisch und geistvoll zugleich, die Gesellschaft zu erheitern pflegten. Es war nur ein Vorspiel, das wußte ich schon. Dann schoß er seinen gefiederten Pfeil ab. Er habe einen Wunsch an mich oder besser, er mache sich zum Fürsprecher eines Wunsches.

Wir gingen gerade an der Fahnentreppe der Lustgartenfront vorüber, und, da ich wider Willen zu zittern begann, starrte ich unentwegt auf eine der goldenen Engelsfiguren, die das Geländer der Treppe zieren.

Es sei üblich, fuhr Pöllnitz fort, daß die Kornetts von der Garde den Prinzessinnen aufwarten. Ich nickte. Jetzt bäte auch der Kornett Trenck um die Ehre des Empfangs.

„Warum nicht?" sagte ich und versuchte Ulrikes Gleichmut nachzuahmen. „Es ist üblich. Aber es eilt mir nicht."

„Es eilt der Hoheit nicht, vielleicht eilt es dem Kornett." Und da ich scharf erwidern wollte, setzte er ernster und mit leiser Stimme hinzu: „Der Krieg steht vor der Tür."

„Ach, der Krieg –." Ich hatte den Krieg wahrhaftig vergessen. Jetzt hing wieder die gespenstische graue Fledermaus zwischen Himmel und Erde über dem mailichen Tag. „Es ist ein Gerücht."

Es sei kein Gerücht, der König warte nur noch die Hochzeit ab. Wann also die Hoheit den Kornett empfangen wolle?

„Am Nachmittag des morgigen Tages", sagte ich schnell. Darauf bat ich ihn noch, den Kornett bei mir einzuführen, da mein Kammerjunker vom Dienst jung und von scheuem Wesen sei. Auch glaubte ich mit Recht, daß diese beiden sich wenig und nichts zu sagen hätten.

Oben ging ich durch meine Zimmer, als sähe ich sie zum erstenmal. Ich betrachtete meine Bilder aufmerksam und wollte es gerade bedauern, daß sie allesamt nur von anmutiger Schönheit, nicht aber von jener hintergründigen Gewalt waren, die der Junker Diest gefordert hatte. Doch würde es der Kornett wohl nicht so genau nehmen. Ich betrachtete auch die Tische und Stühle und rückte sie zurecht, ohne zu bedenken, daß ihre Stellung sich bis zum Nachmittag des folgenden Tages mehrfach wieder ändern würde. Dabei überlegte ich gerade, ob ich dem Kornett einen der von mir komponierten Armeemärsche auf dem Fortepiano vorspielen sollte, auf das ich besonders stolz war, als Ulrike in der Tür stand und verwundert anhielt. „Was tust du denn? Ziehst du um?"

Da ich verlegen wurde, fuhr ich umso eifriger fort, Stühle zu rücken und den Faltenwurf der Vorhänge zu ordnen, obwohl es dort in Wahrheit nichts zu ordnen gab.

Ulrike wurde neugierig und trat näher. „Oder erwartest du Besuch?"

Nein, natürlich erwarte ich keinen Besuch, insonderheit nicht zur Nacht. Es sei nur, daß die Kammerfrau Höppner es heute an Akkuratesse habe fehlen lassen.

Das könne sie sich kaum denken, erwiderte Ulrike heiter. Die Höppner sei ein Muster an Ordnung. Sie setzte sich auf die Lehne meines schönsten Stuhles, der, nach der Mode des Fünfzehnten Ludwig geschweift, mit türkisenem Damast bezogen war. „Du hast wohl Geheimnisse, Amélie?"

Ich verneinte heftig und sprach damit nicht einmal eine Lüge aus, denn der Besuch des Kornetts geschah nach der Form.

„Nun, nun", meinte Ulrike mit einer an ihr ungewohnten Zärtlichkeit, „ich wollte dich nicht kränken." Dabei spielte sie mit dem Medaillon des holsteinischen Prinzen, das sie wie stets um den Hals trug. Aber sie betrachtete es nicht und sah jetzt verloren vor sich hin. „Ich werde das noch vermissen–" sie sprach den Satz nicht zu Ende, man erfuhr nicht, was sie vermissen werde, statt dessen sagte sie: „Wir vom Stamme Preußen sind nicht wehleidig, aber wir wußten immer einer vom anderen, wo wir zu finden waren." Sie schwieg und hob lauschend den Kopf.

Durch das geöffnete Fenster hörte man wie ein leises, unablässiges Geräusch die Havel, die draußen am Lustgarten vorüberfloß. „Auch die Havel wird mir fehlen", sagte sie noch und fuhr mit ihrer ruhigen Stimme fort: „Schweden soll schön sein. Ich freue mich. Es war schon einmal eine Brandenburgerin die Frau eines schwedischen Königs." Sie lachte leise auf. „Allerdings hieß er Gustav Adolf, und so weit wird es mein Prinz wohl nicht bringen. Trotzdem bereue ich nichts. Es gibt auch nichts zu bereuen, ich tat nur, was von mir verlangt wurde." Sie erhob sich. „Gute Nacht, kleine Amélie." Ihre hellen, kühlen Augen, die von unserer englischen Mutter stammten, hielten mich fest. „Denke immer daran, daß du Friedrichs Schwester bist."

Wir standen uns gegenüber. „Warum sagst du das, Ulrike, daß ich daran denken soll?"

Sie lächelte mich an, wie eine Braut ein junges Mädchen anlächelt – und ein wenig auch, wie es Kronprinzessinnen tun. Aber ihre Worte wichen mir aus. „In uns Geschwistern gehen viele Mütter und Väter um – auch die Eleonora d'Olbreuze, die uns den unruhigen gallischen Tropfen ins Blut gebracht hat."

„Sie war Herzogin von Braunschweig-Celle", verteidigte ich sie und sah, an Ulrike vorbei, das Bild dieser schönen, dunkelhaarigen Frau an, die für eine einzige große Leidenschaft gelebt hatte.

Ulrikes Augen folgten. „Ja, du hattest immer eine Schwäche für das Bild, darum ließ man es dir. Immerhin begann die Frau Herzogin als

Mademoiselle d'Olbreuze und Liebchen des Herzogs." Sie wandte sich um. „Wir Schweden", sagte sie spottend, „sind gut lutherisch und Puritaner dazu. Ich denke, du weißt es." Damit nickte sie und ging aus der Tür. Es war die gleiche Tür, durch die morgen der Kornett Friedrich Trenck eintreten würde, um mir seine Aufwartung zu machen.

Ich klingelte weder nach dem Hoffräulein Agneta noch nach der Kammerfrau. Ich ging durch die Zimmer hindurch, langsam, wobei ich jedes einzelne Stück betrachtete, ob es dem Kornett wohl gefallen würde. Vielleicht gefiel es ihm nicht. Es war zwar alles edel und kostbar, mit ausgesuchtem Geschmack eingerichtet, doch auch ein wenig pomphaft und steif, wie es in Staatsschlössern üblich ist. Ich hatte es mir bisher noch nicht überlegt. Aber der Blick aus den Fenstern war schön und gleich vertraut, er würde es merken.

Darauf löschte ich das Licht aus, kleidete mich dann erst für die Nacht um und sank in die Dunkelheit wie in einen mütterlichen Arm. Doch schlief ich nicht. Ich führte wunderbare Gespräche, in denen ich dem Kornett erzählte, was ich nie vorher einem Menschen erzählt hatte. Ich wollte auch vom Krieg mit ihm sprechen und daß ich mich nicht fürchtete. Die Gedanken überstürzten sich. Ich würde zärtlich sein und voll Witz, geistreich und einer königlichen Tafelrunde würdig, die im Geiste

Friedrichs und des Herrn Voltaire erzogen war. Dann würde ich dem Kornett meine Kompositionen vorspielen, die – Herr Graun hatte es erklärt – denen des Königs nicht nachstanden. Würde ich daran denken, daß ich Friedrichs Schwester war?

Mein Herz begann zu klopfen, ich begriff nicht, warum Ulrike mir dieses Wort gesagt hatte. Wußte man mehr als, ich selber wußte? Ich wollte es nicht denken. Ich wollte nichts anderes denken, als daß ich in der Erwartung des kommenden Tages unsagbar glücklich war. In diesem Gefühl schlief ich ein.

Agneta stand neben mir und beobachtete, im Spiegel wie ich, den Fall der Kleider, die ich probierte. Ich wählte lange, verwarf, wählte von neuem und blieb bei einer Robe aus hellgrüner Seide. „Gefällt sie dir? Bin ich schön?"

Die Hofdame – wir vertrugen uns schon lange wieder wie je – meinte in ihrer einsilbigen Art, daß es dazu des Kleides nicht bedürfe.

„Doch, Kleider sind wichtig." Ich erschrak. Die Uhr der Garnisonkirche schlug die Stunde. „Üb' immer Treu und Redlichkeit" klang es im Glockenspiel herüber. „Es ist an der Zeit, Agneta, sie werden gleich kommen." Ich zündete selbst im Empfangszimmer die kleine Opferschale mit Ambra an. Es roch feierlich und auch ein wenig betäubend, wie ich es liebte. Dann trat ich, vom Vorhang verdeckt, an das Fenster. Aber mein Kopf war jetzt merkwürdig leer. Es schien alles zu nahe und schnell herangekommen, ich konnte es nicht mehr aus einer überlegenen Ferne regieren. Auch fühlte ich die Freude nicht und hätte am liebsten geweint.

Dann bog, von der Straße hinter dem Lustgarten her kommend, ein Wagen ein und näherte sich dem Portal. Wie durch einen Schleier sah ich die massige Gestalt des Kammerherrn und eine rote Uniform. Ich wollte Agneta zurufen, ich sei elend und könne den Besuch nicht empfangen, aber sie hatte sich schon zum Eingang des Prinzessinnenflügels begeben, und überdies war meine Kehle so zugeschnürt, daß ich kein Wort über die Lippen gebracht hätte. Als ich aufblickte, stand der Kammerherr bereits vor mir. Neben ihm bemerkte ich nichts anderes als eine verschwimmende Farbe, die mich kopflos und schwach machte.

Ich gab mir einen Ruck, versuchte Röte und Blässe zu bekämpfen und dankte im übrigen Gott, daß der Oberzeremonienmeister in der Welt war, denn es fiel mir kein einziger Satz zur Begrüßung ein.

Pöllnitz indessen ließ schon seine geläufige Zunge spielen. Wie immer hatte er viele heitere und schnelle Worte bereit, die mich beinahe in die Wirklichkeit zurückführten. Aber noch wagte ich es keineswegs, den Kornett anzusehen, sondern begnügte mich mit einer kleinen flüchtigen Verbeugung dorthin, wo die Farbe vor meinen Augen verschwamm, als der Kammerherr mir Namen, Stand und Zweck des Besuchers mit vertraulicher Förmlichkeit mitteilte. Ich klammerte mich geradezu an das weinfrohe Gesicht des Zeremonienmeisters an, zumal mich das im Hintergrund beobachtende Auge der Hofdame störte.

Auf einmal waren Auge und Gesicht verschwunden. Ich stand dem Kornett allein gegenüber – wie es geschehen konnte, weiß ich heute noch nicht – und hob den Kopf.

Wieder wie an jenem ersten Abend – es ist schön und furchtbar zugleich, es auszusprechen – stürzte ich in die Umarmung seiner Blicke hinein, so unaufhaltsam, daß ich mich geschämt hätte, wenn ich eines andern Gefühles als dessen, das mich bewegte, fähig gewesen wäre. Ich hatte nachprüfen, ihn und mich erforschen wollen. Ich wollte mich daran erinnern, daß ich die Schwester des Königs von Preußen war. Dieses alles und noch mehr hatte ich mir am Morgen zurechtgelegt. Es war vergessen. Ich war nur noch ein Stück des Kornetts in der roten Uniform.

Dabei standen wir noch immer stocksteif und ein wenig lächerlich unter dem Kronleuchter voreinander aufgebaut wie die Zinnsoldaten, mit denen die Kinder spielen.

Es stahl sich, von meinem Auge abwärts, ein kleines Rinnsal die Wange entlang, ich merkte es nicht. Dann wachte ich auf, erschrak, schämte mich und wischte es schnell mit einem Tuch von Brüsseler Spitzen ab, das mir mein jüngster Bruder Ferdinand geschenkt hatte.

Der Bann war gebrochen. Es war komisch, daß ich mir hier die Tränen abwischte wie eine Soldatenbraut. Ich mußte lachen.

Trenck nahm das Lachen bebenden Mundes auf, mit einer so ehrfürchtigen Befangenheit, daß ich die eigene Verlegenheit fast vergaß. Und ich lud ihn wahrhaftig ein, auf dem türkisenen Stuhl des Fünfzehnten Ludwig Platz zu nehmen, freilich mit einer gezierten, darum leblosen Bewegung der Hand. Wo überhaupt war die Sturzflut meiner Einfälle geblieben, die Zärtlichkeit und der Witz meiner Gespräche, wie ich sie am Abend vorher ersonnen hatte? Nur das albernste Zeug, für das ich mich hätte ohrfeigen können, fand den Weg von mir zu dem etwas beschämt dasitzenden Kornett. Ob die Tressen an seinem Galarock wieder heil seien?

Trenck, ein festgefrorenes Lächeln um die Lippen, wie ich es an Liebenden schon des öfteren bemerkt hatte, antwortete, daß er diesen Tressen dankbar sei.

„Dankbar?" fragte ich und verstand in der Tat nicht, was er meinen konnte. Seine Augen hingen an mir, und es war kein Gedanke daran, daß er etwa die Zimmer nach der Hintergründigkeit ihrer Bilder, der Schönheit ihrer Tische und Stühle, Vorhänge und Tapeten gewertet hätte, da er alles dieses nicht mit einem Blick sah. Warum er, fragte ich also, den Tressen dankbar sei?

Ohne ein solches Mißgeschick, antwortete er glühend – das festgefrorene Lächeln war aus seinen Zügen verschwunden – hätte er niemals das Glück gehabt, mir so zu begegnen, wie es jetzt geschehen sei. Es war in seinen Worten schon etwas, eine kleine, ferne Ahnung von jenem Trenck, der mich erschüttert und vor dem ich mich gefürchtet hatte.

Sogleich wurde ich vorsichtig und zog mich hinter eine förmliche Anrede zurück. „Ja, Er war sehr kühn, sogar ein wenig dreist. Er nahm mich für eine leichte Demoiselle."

Der Kornett, ohne auf meinen etwas befangenen Scherz einzugehen, erwiderte, geradezu erschreckend ernsthaft, daß er für jene Worte meine Verzeihung erbitten müsse.

„Aber", sagte ich schon wieder schwach, „ich habe Ihm nichts zu verzeihen. Ich selber war schuld." Es fehlte nicht viel, das Wehr hätte sich geöffnet, der Strom, künstlich und ängstlich gestaut, wäre durchgebrochen. Aber die Befangenheit war stärker, ich schwieg und sah den Kornett an, die kühnen, weit auseinanderstehenden Augen und das straffe Gesicht.

Eine gefährliche Stille breitete sich aus. Ich mußte sprechen, überlegte fieberhaft, holte mir bei seinem roten Uniformrock Mut und fragte, ob der Kornett schon das Gerücht vom Kriege gehört hätte.

Er antwortete schnell, beinahe gleichgültig, so als könne er sich der militärischen Welt in diesem Zimmer nicht erinnern, daß der Krieg wahrscheinlich sei und geschlagen werden solle, wie es sich gehöre.

Es ist richtig, er sagte etwas, das er kaum dachte, und ich hörte zu, ohne eigentlich zu verstehen, was er sprach. Denn ich horchte auf seine Stimme, und es schien mir ein Wunder, daß sie hier zwischen den Wänden, in denen sich mein Leben abspielte, zu hören war.

„Er liebt die Raufhändel überhaupt?" fragte ich unvermittelt und mußte wohl dabei gelächelt haben. Jedenfalls merkte ich schon, daß die Verlegenheit zu weichen begann und einem strahlenden Glücksgefühl Platz machte.

Aber das hätte ich nicht sagen und denken dürfen. Das Gesicht des Kornetts zeigte jetzt einen Ausdruck, wie ich ihn noch nie bei einem Mann gesehen hatte. Trenck erhob sich langsam, kam einen Schritt näher – auch ich hatte mich erhoben – und sagte leise, mit unendlicher Ergebenheit: „Ich bete Sie an, Amélie von Preußen." Da ich mich nicht rührte, sagte er noch: „Wann sehe ich Sie wieder?"

Die Verzauberung riß ab. War dieser Kornett Trenck wahnsinnig geworden, daß er mir ein Stelldichein antrug, als wäre ich eine Hübschlerin? Indem ich mich nach dem Schreibkabinett umwandte, wo Pöllnitz und die Kannstein eine Serie französischer Kupfer betrachteten, rief ich hinüber: „Ich bitte den Herrn Oberzeremonienmeister nach der Etikette zu verfahren. Die vorgeschriebene Zeit ist um." Dabei warf ich einen schnellen, neugierigen Blick zum Kornett hin, wie er sich in die plötzliche Förmlichkeit meiner Haltung fügen würde.

Er stand da wie ein Soldat, nicht beschämt, eher trotzig, und seine Augen, die mich weiterhin begleiteten, drückten eine große Verwunderung aus, so als habe ich ihn – oder mein eigenes Gefühl – im Stich gelassen, denn schließlich war er ja nicht blind und hatte merken können, wie es um mich stand. Es gefiel mir ganz gut, wenn ich ihm auch eigentlich hätte zürnen müssen.

Pöllnitz erschien, ein Netz belustigter Falten um die Schläfen, und wollte noch behaupten, ich sei päpstlicher als der Papst, weil die Uhr des Zeremoniells nirgends akkurater schlüge als unter dem Rock, den der König mit dem goldenen Schlüssel der Kammerherrn geschmückt habe.

„Es mag sein", sagte ich, bemüht, ebenso sicher wie kühl zu erscheinen, und in der Tat hatte mir meine eigene Courage Mut gemacht. Dabei war ich ehrlich genug, mir zu gestehen, daß ich so tapfer nur aus Notwehr gehandelt hatte, nicht weil ich die Schwester des Königs war. „Es mag sein", wiederholte ich. „Aber die Exzellenz muß bedenken –" ich sah drei Augenpaare auf mich gerichtet, von denen eines mir meinen mühsam behaupteten Mut wieder nehmen wollte. So brach ich mitten im Satz ab und wußte nicht mehr, was eigentlich die Exzellenz hatte bedenken sollen.

Aber dieser Pöllnitz war trotz allem ein Kavalier und half einer Dame aus der Verlegenheit. „Ich werde es bedenken, Eure Hoheit. Bis zum nächsten Mal", er blinzelte mit empörender Vertraulichkeit, „werde ich es submissest bedacht haben." Damit verabschiedete sich der schreckliche Kuppler so eilig – indem er die Hofdame auf geheime Weise mit sich zog – daß ich dem Kornett abermals allein gegenüberstand.

Ich fühlte keinen Zorn mehr, auch der Schrecken war verflogen. Ich konnte nur der einen, übermächtigen Empfindung folgen – und wechselte, ohne es zu wollen, die Anrede: „Sie dürfen das nie wieder sagen, Baron."

„Ich darf es nicht. Aber ich werde es immer wieder sagen, und wenn es mich den Kopf kostete."

„Dann kann ich Sie nicht mehr sehen."

„Es liegt nicht an der Hoheit und nicht an mir", erwiderte der Kornett dunkel, grüßte förmlich und ging, wie es der Brauch vorschreibt, den Rücken zur Tür.

Die plötzliche Einsamkeit schlug mit einer solchen Gewalt über mir zusammen, daß ich mich in den Stuhl fallen ließ, in dem Trenck gesessen hatte, und weinte. Ich hörte draußen den Wagen abfahren, ich rührte mich nicht, ich blieb so, als die Hofdame Agneta zurückkam.

Sie hantierte eine Weile im Zimmer herum, ich merkte wohl, was sie auf dem Herzen hatte, aber ich wollte jetzt kein Wort hören. „Sag Sie mir ja nichts, Agneta. Sie sagt immer nur das Schlechte und Medisante."

„Ich sage es doch", beharrte die Hofdame, „dazu bin ich da." Der Kornett, fuhr sie ruhiger fort, gehöre zu denen, die, wenn man ihnen den kleinen Finger reiche, nicht nur die Hand nähmen, sondern den ganzen Menschen dazu.

„Du weißt es nicht, du kennst ihn so wenig wie ich."

Sie wisse es. Das dürfe der Hoheit genügen. Auch sei die Freundschaft mit Pöllnitz Beweis genug.

„Ich werde darüber nachdenken", sagte ich kühl, „und wünsche jetzt allein zu sein."

Als die Hofdame mich verlassen hatte, war alles vergessen – nur das eine nicht. Ich schloß die Augen, ich fühlte dieses neue Berauschende in jedem Zuge nach. Dann erhob ich mich, so wie Trenck sich erhoben hatte, trat einen Schritt näher, dorthin, wo eine imaginäre Prinzessin saß, die sich jetzt gleich mir erhob und, als wären wir nur noch ein einziges ungeteiltes Wesen, sagte ich in unsere Augen hinein: „Ich bete Sie an, Amélie von Preußen. Wann sehe ich Sie wieder?"

Die Gerüchte um den großen Krieg wurden in den nächsten Tagen stiller. Dafür begann ein emsiger Kleinkrieg zwischen Agneta und mir. Die Hofdame trug mir alle Skandale zu, die, wie sie behauptete, der Kornett entfesselt haben sollte, während ich gleichgültig tat, mich aufs hohe Pferd setzte und sie auszulachen versuchte. Wurde es mir zu arg, flüchtete ich mich ans Fortepiano und machte Musik.

Übrigens begann ich damals den Kammerjunker Diest zu begreifen. Sicherlich war es in der Musik nicht anders als in der Malerei. Bisher hatte ich gefällig komponiert, manchmal aus der Kraft der Jugend heraus und erfüllt von jenem soldatischen Geist, in dem ich erzogen war. Indessen herrschte die Regel vor. Nun bildete ich mir auch jetzt nicht ein, bereits einen eigenen Stil gemeistert zu haben, doch fanden sich bisweilen Erfindungen vor, die nicht mehr aus dem vorgeschriebenen Notenbuch, sondern aus dem ungeschriebenen Erlebnis des Herzens stammten. Manchmal griff ich sie wie aus der Luft, sie waren plötzlich da und stürzten über mich her. Andere summten lange, ehe sie Gestalt werden wollten. Sie näherten sich leise, wenn ich am Abend nicht einschlafen konnte, sie wurden stärker und begannen zu brausen. Ich schlief darüber ein. Morgens aber waren sie entweder nicht mehr zu finden oder sie erwiesen sich als verquollen und hohl. Man mußte dann solche Phantasien am hellen Tage scharf in Zucht nehmen, um ihnen doch noch eine Form zu geben. Und diese Arbeit gerade ging besser und mit tieferem Glück vor sich, wenn ich mich dabei des Kornetts erinnerte.

Freilich hatte er selbst mit der Musik nichts zu tun. Ich wußte jetzt auch, daß ich sie ihm niemals vorspielen würde. Mochte er klug und sogar von den Musen begabt sein, wie es tatsächlich der Fall war – sein Teil, das hatte ich schon gemerkt, schien die andächtige Versenkung nicht. Hierfür wiederum war der Kammerjunker Diest wie geschaffen, und ich ließ ihn jetzt häufiger rufen, vielleicht weil ich zwischen dem Wunsch nach Einsamkeit und Mitteilung aufs heftigste schwankte und Agneta sich mir entzog.

Der Junker saß dann schweigsam, mit einer für

seine Jahre erstaunlichen Sicherheit des Urteils neben dem Fortepiano und hörte gesammelt zu.

„Gefällt es Ihm?" fragte ich, wenn ich die Hände von den Tasten genommen hatte.

„Nicht sehr gut, wenn es zu sagen erlaubt ist."

„Es ist erlaubt. Rede Er nur frei von der Leber weg. Ich will lernen."

Der Junker hatte verschiedenes auszusetzen. Insonderheit gefielen ihm die blumigen und weichen Tiraden nicht, in denen die Gefühle sich zu deutlich aussprachen.

Aber die Melodie müsse doch deutlich werden, wollte ich beharren.

Nicht die Melodie sei wichtig, das Thema sei es. Die Melodie verführe die kleineren Geister zur Schwelgerei, die Thematik hingegen erziehe zur Strenge der inneren Form.

Ich schüttelte den Kopf. „Er hat es immer mit der Hintergründigkeit und der Form von innen her. Dabei kommt es doch nur darauf an, daß ein Stück den Leuten gefällt."

Welchen Leuten, wollte der Junker wissen. Es gäbe deren viele, und sie hätten keine Meinung. Ein Stück müsse aus der Eingebung und nach dem Gesetz geformt sein, dann sei es richtig, ob es gefiele oder nicht.

Ich merkte schon wieder, ich konnte es diesem häßlichen und durchglühten Vogelkopf nicht recht machen. Das verdroß mich. „Zum Exempel", sagte ich, „nehme Er einen von den Romanen, wie sie in Welschland gefertigt werden, so kommt es doch nur auf den der Melodie vergleichbaren Inhalt an und ob er spannend geschrieben ist."

Der vergrübelte Blick schien erheitert. Auf den Inhalt komme es schon gar nicht an und auch auf die Spannung nicht.

„Wohl auf seine ‚Gewalt'?" warf ich spottend ein.

Der Junker lächelte. Nicht immer auf die Gewalt – es gäbe auch zarte und behutsame Dinge zu sagen, die wichtig seien – immer aber, wenn anders es sich um Kunst handele, nicht auf den Stoff, sondern allein auf die Form.

„Ach", sagte ich, „Er ist ein rechter Magister vom grünen Tisch."

„Dann sollte die Hoheit mich besser nicht fragen."

Ich mußte lachen, während ich einige Passagen auf den Tasten griff. „Das muß Er sich schon gefallen lassen." Eine Zeitlang schwiegen wir, die Akkorde liefen mit sanfter Schwingung durch den Raum. Ich dachte an Trenck. Er saß jetzt zu Pferde und exerzierte, er wagte Kragen und Kopf, weil er wohl nicht lebte, wenn er nicht das Leben aufs Spiel setzte, indessen hier ein scheues, beinahe körperloses Geschöpf den Geheimnissen der Kunst nachspürte, als hinge die Seligkeit von ihnen ab.

Ich drehte mich zu ihm um. „Hat Er schon einmal geliebt, Kammerjunker von Diest?"

Die Wirkung der heiteren, vom Augenblick eingegebenen Frage überraschte mich selbst. Der ruhige und gesammelte Junker fuhr auf, als wäre er mit Blut übergossen, er starrte mich geradezu entsetzt an. Ich hörte auf zu spielen. „Nun, nun", versuchte ich meine Unbedachtsamkeit wiedergutzumachen, „ich wollte Ihm nicht zu nahe treten."

Aber meine Worte beruhigten ihn nicht. Seine Verwirrung schien noch zu wachsen, und der Ausdruck seiner Züge glich seltsamerweise jenem, den ich damals auf dem Gesicht des Kornetts bemerkt hatte, als er sich vom Stuhl erhob und auf mich zutrat. Der Junker freilich tat eher das Gegenteil. Er begann, sich langsam und immer wieder zögernd zurückzuziehen, wahrte an der Tür noch gerade die höfische Form und verschwand.

Ich hätte lachen können, wenn mich nicht dieser unerwartete Ausbruch ergriffen hätte. Der kleine, schmächtige Junker, ich konnte daran nicht zweifeln, liebte mich. Es hat einmal einen sagenhaften König Midas gegeben, der alle Dinge, die er berührte, in Gold verwandelte. War es schon so, daß Liebe wurde, was ich berührte? Ich wollte es nicht, ich wünschte es nicht. Aber der Strom, der mich trieb, war so stark, daß er mitreißen mußte, was sich ihm in den Weg stellte.

Plötzlich überfiel es mich, ich wollte Trenck wiedersehen, heute noch, koste es, was es wolle. Ich überlegte gerade, was zu tun sei – da kam mir die Hofdame wider Willen zu Hilfe. Sie brachte eines ihrer Tatarenmärchen mit, die Gräfin Distelrode, jene Dame mit der blechernen Stimme, habe geschworen, den Kornett Trenck in ihre Netze zu ziehen. Es werde ihr kaum schwerfallen, die Gräfin sei eine stadtbekannte Kokette und nehme es mit der ehelichen Treue nicht genau.

„Das ist schlimm, Agneta", erwiderte ich scheinbar erschreckt, „ich kenne die Distelrode auch, sie ist gefährlich, sie hat das zweifache Gesicht." Und da die Hofdame mich fragend ansah: „Man könnte sie für eine Madonna halten. Sieht man aber genau zu, so findet sich unter der hübschen Larve ein häßliches Antlitz voller Arglist und Buhlerei." Ich dachte offenbar nach. „Wir müssen den Kornett warnen."

Die Hofdame sträubte sich. Das ginge nicht an.

Es ginge wohl an, sie müsse es nur klug beginnen und sich hinter den Oberzeremonienmeister stecken. Heute spät am Abend ließe ich ihn und den Kornett zu mir bitten, über die stufenlose Treppe, die Dame Kannstein werde beide vor dem kleinen Portal erwarten. „Geh, es ist mein Wille."

„Wenn es der König erfährt?"

„Ich bin seine Schwester und habe Mut."

Die Hofdame folgte widerstrebend, mit verstörtem Gesicht. Ich hatte sie mit ihren eigenen Waffen geschlagen. Warum eigentlich, überlegte ich flüchtig, widersetzt sie sich meiner Liebe zu dem Kornett? Ist sie eifersüchtig auf ihn oder mich? Ich wußte es nicht, ich vergaß es wieder. Ich ging zum Fortepiano, spielte und machte für den Abend einen wunderbaren Plan.

Die Nacht war warm und windig. Wolken trieben schnell am Himmel entlang und ließen immer zwischendurch ein Stück der Mondscheibe sehen, die unwirklich hoch über den Dächern der schlafenden Stadt hing.

Ich stand und wartete. Zum erstenmal trat ich bewußt aus der Ordnung heraus, die mir gesetzt war. Selbst die Gegenwart des Oberzeremonienmeisters konnte diese nächtliche Eskapade nicht mehr decken, er konnte nur mit ihr fallen – mit ihr, der Hofdame und dem Kornett. Aber seine Lust an der Intrige war so groß, daß sie die höfische Feigheit überwand. Und was mich selbst betrifft, so wagte ich das Spiel, ohne mit der Wimper zu zucken, ohne auch nur eine Spur von Besorgnis oder Reue zu empfinden. Macht die Liebe den Menschen zugleich gut und schlecht, hingegeben und bedenkenlos? Ich hätte es nicht sagen können. Ich wußte nur, daß ich wartete.

Mit mir wartete die Luft, die mich umgab. Noch der nächtig drohende Turm der Nikolaikirche, die schweigenden Häuser, die Sandsteinfiguren der Balustraden waren von Erwartung erfüllt, so als müsse, wenn jetzt das kleine Portal sich öffnen werde, ein Tumult losbrechen, dessen Dröhnen Himmel und Erde erschüttern sollte.

Aber dann geschah alles leise und auf natürliche Art. Ich mußte scharf zuhorchen, um die kaum deutbaren Geräusche überhaupt wahrzunehmen. Der Tritt der Ronde verklang, dann drehte sich ein Schlüssel im Schloß, vorsichtig und verhalten, es wurde wieder still, bis sich Schritte vom Empfangskabinett näherten und die Hofdame Kannstein wie unlängst am Nachmittag die Herren von Pöllnitz und Trenck einließ.

Es war diesmal anders und doch auch wieder ähnlich wie beim erstenmal. Die Ähnlichkeit bestand darin, daß die Verlegenheit zu Anfang die gleiche blieb, und ich mußte mich allmählich daran gewöhnen, daß zu einer jungen Liebe die Befangenheit zu gehören scheint wie die Predigt zum Gottesdienst. Anders aber, tiefer und auch vertrauter, war mein Gefühl von diesem Friedrich Trenck, denn wir hatten schon Worte gesprochen, die niemanden sonst betrafen als ihn und mich. Davon war etwas, das nur uns beiden gehörte, in der Welt zurückgeblieben.

Übrigens hatte ich mir eine Überraschung ausgedacht. Sie galt nicht dem Kornett, sondern dem Kammerherrn. Es war im Blauen Kabinett ein kleines, sehr erlesenes Mahl aufgedeckt, gute Weine fehlten nicht, und ich bat den Oberzeremonienmeister, dort in Gesellschaft von Agneta Platz zu nehmen. So hoffte ich, ihm die Mühe des späten Besuches in wahrem Sinne des Wortes schmackhafter zu machen.

Das Gesicht des Kammerherrn glänzte. Ich sei die Gnade und – es folgte das gewohnte Augenspiel – die Klugheit selbst. Nur bäte er, das Impromptu des Abends, ob ernste oder heitere Gründe der Anlaß seien, so durchzuführen, daß es den tausend Augen und Ohren des Schlosses ergehen sollte, als wären sie mit Blindheit und Taubheit geschlagen.

„Unbesorgt", erwiderte ich kühler, „wenn ich schon nicht wüßte, was ich mir selber schuldig bin, so trage ich doch die Verantwortung für meine Gäste mit." Darauf bat ich den Kornett, mir auf den kleinen Balkon zu folgen, der zwischen den korinthischen Säulen die beiden letzten Zimmer abschließt.

Der Nachtwind trieb noch immer die Wolken vor sich her, doch war die Mondscheibe jetzt verschwunden. In der wehenden Dunkelheit standen wir nebeneinander, nahebei und doch wieder durch eine seltsame Fremdheit getrennt, zwei Schatten, die sich suchten, ohne sich zu finden.

Ich hatte aber recht vermutet – es sprach sich besser, wenn man sich nicht sah. Und ich begann ein vorsichtiges Gespräch. Wie es dem Kornett in der Zwischenzeit ergangen sei? Es war ihm gut ergangen, er hatte Dienst getan, im Regiment und auch in der Suite des Königs. Er schwieg wieder. Offenbar wartete er fieberhaft und beklommen der großen Dinge, die kommen sollten.

Aber was sollte kommen, was um Gottes willen konnte überhaupt kommen, wenn man Tochter und Schwester aus regierendem Hause war? Es schien mir plötzlich töricht und jeden Sinnes zu entbehren, daß ich den Kornett wie einen Liebhaber aus dem Decamerone zur Nachtzeit auf einen Balkon geführt hatte. Es fehlte nur die Strickleiter noch. Ich konnte ihm doch nicht in die Arme fallen, als wäre ich eine kleine Vorstadtbürgerin.

Jetzt sprach Trenck. Ich hätte ihn rufen lassen, um ihm einen Rat zu geben, eine Warnung zu erteilen. Welches denn der Anlaß sei?

„Ach, es ist nichts, dummes Geschwätz vielleicht, die Distelrode oder sonst eine von Seinen Amours."

Die Stimme des Kornetts zitterte, doch konnte ich sein Gesicht nicht erkennen. „Ich habe keine Amours, Prinzessin Amélie. Sie wissen, daß ich nichts anderes denke als Sie."

Das Zittern seiner Stimme ergriff mich oder seine Worte ergriffen mich. Ich bebte bis in die Haut.

Da geschah es, daß die Nacht zu leuchten begann. Der Mond trat heraus. In den metallischen Glanz eingehaucht hielt die Erde den Atem an. Miteins wurden alle Dinge unwirklich und zur Liebe geschaffen. Der Helm der Nikolaikirche stand wie aus Silberdrähten geflochten, Schatten wuchsen um Pilaster und Kapitäle auf, bestimmt, die Magie des Lichtes nur fließender aus sich emporzutreiben. Schemenhaft durchsichtig, von Helligkeit gemacht, zogen die Kolonnaden zum Marstall hin, und über den barocken Figuren, die sie kränzten, hob sich in milchiger Ferne der Turm der Garnisonkirche in die Luft, ein Gebilde aus Filigran.

„Sehen Sie nur", sagte ich. „Das ist schön." Aber er sah es nicht. Mit einer wilden und scheuen Bewegung stürzte er an mir nieder, ergriff den Saum meines Kleides und küßte ihn.

Ich fühlte ein Brausen wie von Flügeln großer Vögel, die mich mit sich forttragen wollten, und gab nicht nach. Doch waren meine Worte kaum zu verstehen. „Nein, nicht, stehen Sie auf, Kornett." Und ich hatte wahrhaftig Mut genug fortzufahren: „Wir sind nicht auf der Bühne, wo man eine galante Szene bei Mondlicht stellt." Das sagte ich aber, um mir selber gut zuzusprechen, denn noch immer ist die Ironie eine Feindin des Gefühls, und ich war tiefer verwirrt als je.

Sogleich erhob sich der Kornett, stand vor mir, sah mich an und sagte nur: „Die Hoheit kann mich nicht kränken, sie spricht die Wahrheit nicht."

Ich wollte antworten, als die Uhren zu schlagen begannen. Sie schlugen Mitternacht. Sie lösten sich ab oder gingen miteinander den kurzen Sternenweg unter dem Himmel hin, indem sie Zwiesprache hielten und die Worte einer unbegreiflichen Welt als Boten durch die Nacht schickten. Aber auch ihre Botschaft stillte das unstillbare Verlangen nicht, das uns Menschen zwischen Geburt und Grab gegeben ist. Sie weckten es nur stärker. Die Uhren schwiegen.

„Sie müssen jetzt gehen, Kornett von der Trenck."

Er schüttelte den Kopf, ich nickte. Das stumme Spiel wiederholte sich und begann uns zu belustigen. Auf einmal waren wir aus dem Kreis der leidenschaftlichen Erschütterungen herausgetreten — ein junges Mädchen und ein junger Mann, die glücklich sind, weil sie das Geheimnis eines nächtlichen Stelldicheins verbindet. Sogar dieses Wort zu denken, scheute ich nicht mehr.

Der Kornett, in dem jetzt wieder etwas von der hochmütigen Unbekümmertheit des Allerweltslieblings Trenck zu spüren war, schlich zur Tür des Balkons, spähte hindurch und machte mir lachenden Gesichtes ein Zeichen. Gewiß paßte es sich nicht, aber ich folgte. Man konnte im Schein der Windlichter den Oberzeremonienmeister sehen, wie er vor dem Speisetisch des blauen Salons mit Behagen tafelte und eifrig auch den Weinen zusprach, während Agneta, schon weniger mißvergnügt als vorher, ihm Gesellschaft leistend dann und wann von den Süßigkeiten des Desserts kostete.

„Wir dürfen nicht stören", flüsterte der Kornett mir zu, als wäre ich alles andere, nur nicht Prinzessin von Preußen. Es gefiel mir ganz gut, zumal ich gerade darüber nachgedacht hatte, ob die knabenhaft freche Lustigkeit dieses Trenck nicht um vieles hinreißender sei als der nahezu tragische Ernst seiner Leidenschaft. Wahrscheinlich war in der Liebe das eine wie das andere und jedes Ding überhaupt richtig, wenn es nur dazugehörte und seine Zeit hatte.

Es kam also jetzt etwas wie eine richtige Unterhaltung in Gang, und wer nicht genau aufpaßte, konnte sich täuschen lassen. Wir sprachen von diesem und jenem, wir lachten manchmal und schienen unbekümmert. Insgeheim aber führten wir ein Zwiegespräch, das, süß und erregend zugleich, gefährlich geblieben wäre, wenn wir es nicht sozusagen in die Umgangssprache des gesellschaftlichen Verkehrs übersetzt hätten.

Dann trat das Erlebnis des nächtlichen Besuches in sein drittes Stadium.

Von der Ronde klang ein Ruf herauf. Der Ruf pflanzte sich fort. Wir erschraken beide und standen nebeneinander, lautlos in den Schatten der Säule gedrängt. Die Idylle hatte aufgehört. Die Wirklichkeit des Potsdamer Stadtschlosses marschierte im Anruf der Posten auf uns zu. Vorsichtig, mit verhaltenem Atem spähten wir über das Gitter des Balkons.

Auf dem hellen Sand des Lustgartens näherte sich, klein gegen die weite Fläche, eine Gestalt. Ihr Schritt, nicht langsam, nicht schnell, war unbeirrbar wie das Gesetz selber. Die Gestalt trug einen Mantel um die Schultern, doch keinen Hut. Das Haupt war aufgerichtet und schien zu lauschen.

Da der nächtliche Wanderer, nachdem er in den Schatten der Arkaden eingetaucht war, jetzt eben wieder in das volle Licht des Mondes hinaustrat, erkannten wir ihn beide. Es war der König.

Das aber war mein Bruder nicht mehr. Es war auch nicht der Zweite preußische Friedrich, der in Berlin und Potsdam Hof hielt. Es war das ferne, nicht zu deutende Wesen eines Mannes, der seine Sendung vom Schicksal bezieht, weil es ihm anvertraut ist, zu herrschen.

Er stand in keiner Beziehung zu uns, den Liebenden, die sich hinter dem Schatten der Säule verbargen, zu den Grenadieren der Ronde, die, schwarze Figuren mit metallisch-blinkenden Mützen, ihm schweigsam die militärische Ehre erwiesen, ohne daß er es bemerkt hätte. Er sah niemanden und nichts – nur den geheimnisvollen Auftrag, der ihn vorwärts trieb und hinter sich herzog. Er selber war schon ein Teil von ihm, ein kreisendes Gestirn in der Ordnung der Welt. Er beschrieb seine Bahn, unaufhaltsam und gnadenlos, bestimmt, aus dem Wege zu stoßen, was dem größeren Plan widerstand.

Unsere Augen folgten, bis die Gestalt hinter den Wölbungen der Schloßfront verschwand. Auf einmal wußte ich alles – von ihm, von mir und dem Kornett Friedrich Trenck, der erleichtert aufgeatmet hatte, als sei die Gefahr überwunden. „Er ist kein Mensch mehr", sagte ich leise vor mich hin. „Er ist nur noch der König."

„Der beste König, der größte Soldat", hörte ich die unbekümmerte Knabenstimme neben mir.

„Weil er es ist, wird er uns beide zugrunderichten."

Trenck neben mir schwieg, mehr erstaunt als erschrocken. Dann lachte er leichtsinnig auf: „Des Königs Majestät liebt Sie und mich."

Es geschah in diesem Augenblick etwas, das ich

erst später begriff. So tief fühlte ich mich dem im Mondlicht schweifenden Bruder verbunden, daß ich die Anrede wechselte: „Er versteht gar nichts, Kornett. Er redet wie von einem anderen Stern. Der König von Preußen ist nicht zur Liebe geboren."

Trenck schien fassungslos, vielleicht auch gekränkt, vermochte jedoch nicht mehr zu antworten, da eben der Kammerherr Pöllnitz auf den Balkon heraustrat und zum Aufbruch mahnte. Es gab keinen noch so erlesenen weißen Bordeauxwein, der ihn dazu vermocht hätte, den Schritt des Königs zu überhören. Und dieser Schritt zu dieser Stunde bedeutete Gefahr. Immerhin war er Weltmann genug, seine Besorgnis nicht zur Schau zu stellen. Er dankte, erging sich behende in den prächtigsten Komplimenten, lobte meine Gastlichkeit und die Courtoisie des Hoffräuleins und zog sich äußerlich gemessen zurück, wenn man ihm auch anmerkte, daß er sich auf einer ziemlich überstürzten Flucht befand.

Der Kornett hingegen stand, als wäre er angewachsen. Sein schönes Gesicht schien ehrlich bekümmert, da er nicht wußte, wie er mit mir dran war, und glaubte, mich verletzt zu haben.

„Gehen Sie", sagte ich, „gute Nacht. Lassen Sie sich von der Dame Distelrode nicht verführen." Während ich aber diese leichtfertigen Worte obenhin sprach, brach der mühsam zurückgedämmte

Strom wieder durch, stärker noch, seit ich eine Ahnung von dem empfunden hatte, was uns bevorstand.

„Darf ich die Hoheit wiedersehen?"

„Vielleicht, Trenck, wenn es auch sinnlos ist."

Er kam einen Schritt näher. „Prinzessin", sagte er leise und, da ich nicht antwortete: „Amélie."

Wie schön kann ein Name sein, wenn er nicht um des Namens, sondern um der Liebe willen gesprochen wird. Ich wandte mich ab. Der Schatten des Königs stand zwischen ihm und mir. „Gehen Sie jetzt. Ich bin müde. Schlafen Sie gut."

Der Kornett zögerte noch, wartete, grüßte dann und ging. Ich hörte seinen Schritt nicht mehr. Plötzlich, im Tumult des Abschieds, den ich – und auch dieses war sinnlos – bestanden hatte, wie es die hemmende und herrschende Form vorschrieb, kam mir wieder das Wort des Augustin in den Sinn: Unser Herz ist unruhig, bis es ausruht in dir. War dieser, der dort gegangen war und doch zurückblieb, den ich in der Luft der hellen Nacht spürte, der mir in jedem Wesen entgegentrat und zu mir sprach – überwältigender sprach als seine Worte es jemals getan hätten – war er das „Du"?

In den nächsten Tagen trafen auch meine Schwestern mit ihren Männern ein – Wilhelmine von Bayreuth und Friederike von Ansbach, Charlotte von Braunschweig und Sophie Dorothee von Schwedt. Mit dem König, den Brüdern August Wilhelm, Heinrich und Ferdinand, der Braut Ulrike und Anna Amalia waren alle zehn Geschwister zur Vorfeier der Hochzeit versammelt.

Von ihnen liebte ich insonderheit Wilhelmine sehr. Sie war die Älteste von uns, älter auch als der König – fünfunddreißig Jahre jetzt – eine Frau von ungewöhnlich heiterer Festigkeit, wie sie ging und stand und das Dasein angriff. Sie machte sich und den anderen nichts vor, war mütterlich und schwesterlich in einem, dabei eine kräftig liebende Ehefrau, die sich mit der ihr bestimmten Wahl abgefunden hatte, um sie nach ihrer Art zum Guten oder doch zum Erreichbaren zu wenden.

Aber wie alle starken Naturen wurde sie leicht scharf und war dann von Ungerechtigkeit nicht frei. Sie hatte den Vater um seiner Härte willen gehaßt und in ihren Tagebüchern sein Bild wie auch das Bild des Hofes bis zur Unkenntlichkeit entstellt. Das kam daher, weil sie den milderen Vater der letzten Lebensjahre kaum mehr gekannt hatte und als ältestes Kind der einstigen Tyrannei des Königs am längsten ausgeliefert gewesen war. Nun sie sich den Alb von der Seele geschrieben hatte, war die Continentia der Lateiner über sie gekommen.

Von den Schwägern wiederum war ich dem

Markgrafen Friedrich Wilhelm von Brandenburg-Schwedt, den man auch den „tollen Markgrafen" nannte, mit Mißtrauen zugeneigt. Dieser Mann besaß den Körper einer Gerte aus Stahl, und seine Abenteuer mit Pferden und Frauen waren 'europäisches Gespräch. Man mußte ihn lieben, darum gerade liebte ich ihn nicht. Aber ich leugne nicht, daß ich ihn bisweilen bewunderte. Er fürchtete sich nicht. Er fürchtete auch den König nicht, der den Markgrafen wie das kostbare Exemplar einer edlen und seltenen Raubtiergattung mit der Überlegenheit des Stärkeren schalten ließ, weil ihn soviel Ungezähmtheit im Zeitalter der Vernunft erheiterte. Als ich den Schwager und Vetter Schwedt jetzt wiedersah, wurde es mir bewußt, daß ich im Umkreis der männlichen Welt seine Art zu lieben bestimmt war – nur in einem verjüngten und, wie es mir scheinen wollte, um vieles reineren Bild.

Der Markgraf kämpfte gegen die Langeweile, die er die einzige Krankheit des Lebens nannte, einen Kampf auf Biegen und Brechen. Deswegen umgab er sich dauernd mit Gefahr. Damit nicht genug, umgab er sich auch mit jeder Art von Getier, das ihm blindlings ergeben war, weil es seine Liebe zur Kreatur spürte. Die Kreatur, meinte der Schwedter spitzfindig, sei dem wirklichen Leben ungleich aufgeschlossener als die Menschen von Vernunft, und je höher diese in den Regionen des

Geistes aufstiegen, wie etwa der von ihm verachtete Herr Voltaire, um so mehr entfernten sie sich vom Leben selbst. Die Kraft, pflegte er zu sagen, müsse man in den Wurzeln, nicht in den Wipfeln suchen. Die Wurzeln aber seien blind – wie Homer blind gewesen sei, der das Geheimnis der Welt nicht aus dem Geist, sondern aus der Kraft gezogen habe.

Solcherlei sagte er vieles Sprunghafte und in seiner Richtigkeit Fragwürdige. Jedenfalls war er nicht langweilig, und in dieser Hinsicht lebte er seine Forderung an das Dasein selber vor. Damals hatte er unter anderem Getier einen jungen Hund aus englischem Blut mitgebracht, von jener noch wenig verbreiteten Rasse, die im Tal der Aire gezogen wird. Er war von brauner Farbe, doch zeigte die kraushaarige, sehr wollige Decke des Rückens und der Lenden ein tiefes, glänzendes Schwarz, das wie eine edle Schabracke dem schlanken und sehnigen Körper anlag. Der Kopf war spitz und schön. Das schönste aber waren die Augen, deren helles samtenes Braun einen Glanz wie von Goldtopas oder Bernstein strahlte. Vor dem Blick dieses Hundes begriff ich, daß Wahrheit sein konnte, was der Schwedter von der Kreatur gesagt hatte.

Da der Hund mir nicht nur gefiel, sondern mich geradezu entzückte, schenkte ihn mir der Markgraf sofort. Ajax oder Ax, wie der Schwager ihn rief, saß aufgerichtet mit gespitztem Ohr, einer Löwin an

Gestalt und in der Farbe von Haupt, Bauch und Beinen nicht unähnlich, und sah den Markgrafen mit einer unbeschreiblich gläubigen Ergebenheit an, wobei der kurze gestutzte Schwanz sich freudig wedelnd bewegte. Es schien mir nicht möglich, den Hund von seinem Herrn zu trennen. Aber der Schwedter sprach zu ihm, wie man zu einem Freund spricht, und der Hund Ax folgte mir wirklich. Er tat es zögernd, indem er oftmals stehen blieb und sich fragend umsah, während er ein kleines leises Geheul ausstieß, das seinen Schmerz aussprach, nicht verstehen zu können, was man mit ihm tat.

Als aber der Markgraf einen kurzen Befehl herüberrief und danach ins Schloß zurücktrat, ich indessen, schon vorausgehend, den Hund am Portal des Prinzessinnenflügels erwartete, setzte er sich, nochmals zurückblickend, gehorsam in Trab, kam, immer noch zögernd, auf mich zu, ließ sich, bei mir angekommen, in seine löwenhaft sitzende Haltung zurückfallen und streckte mir mit einer leidenschaftlichen Gebärde die Pfote entgegen.

Es ging von dem bernsteinfarbenen Blick und der Gebärde des Bittens ein solcher Strom von Zärtlichkeit aus, daß ich, mich niederbeugend, meinen Arm um seinen Hals legte. Der Hund stieß einen hellen, blaffenden Laut aus, tief von innen her wie aus einem Urgrund der Freude heraufgeholt, sprang, da ich mich emporrichtete, an mir hoch, und es fehlte nicht viel, so hätte er mich umgerissen. Darauf jagte er, wie von der Sehne abgeschossen, in wilden Wahnsinnssprüngen um mich herum, indem er jetzt ein dunkles, mächtiges Gebell hören ließ, daß ich meinte, auch die Stimme ähnele der eines Löwen. Es war nichts anderes als die Aufforderung, mit ihm zu spielen. Er duckte sich, auf die Pfoten gestützt, bäuchlings zur Erde, wobei er den Kopf schräg in den Sand steckte und seine Bernsteinaugen mich listig ansahen. Näherte ich mich dann, jagte er schon weiter, kreiselte und bellte, um immer zwischendurch mit dem Laut einer zitternden, ergreifenden und fast beängstigenden Freude an mir hochzuspringen. Ich bin vorher und nachher keinem Wesen begegnet, das sich freuen konnte wie dieser Hund, weil in ihm die vollkommene Liebe der Kreatur zur anderen war. Es war die Freude selbst, ihr Übermaß und darum ihre Erfüllung – eine Erfüllung, wie sie nur noch in den dunklen Reichen der ursprünglichen Natur zu finden ist.

Überhaupt begann der Hund, je mehr ich mich an ihn gewöhnte und mit ihm beschäftigte, mich zu beschämen. Manchmal glaubte ich schon, eines großen, wirklich starken und dauernden Gefühles nicht fähig zu sein. Ich liebte wie die Prinzessinnen im Märchen, die durch sechs Bettücher hindurch die Erbse spüren, die ihnen Unbehagen bereitet.

Ich konnte mich von dem Schatten des Königs ebensowenig freimachen wie von der Leidenschaft, die mich zu dem Kornett erfaßt hatte.

Im Kreise der Brüder und Schwestern, der Schwäger und dieses ganzen von Traditionen umhegten Hofes schien es mir ein Ding ohne Wirklichkeit, daß ich, Amalia von Preußen, eine Liebschaft mit einem Kornett von der Garde unterhielt – so und nicht anders mußte man den nächtlichen Traum am hellen Tage benennen. Sah ich aber nur einen roten Garde-du-Corps-Rock am Horizont auftauchen, so war es gleich um mich geschehen. Ich verachtete mich, manchmal bedauerte ich mich auch, und so uneins ich mit mir selber schien, so war ich noch in aller Hoffnungslosigkeit niemals glücklicher als in jener Zeit. Außerdem drängte die Wirrnis des Herzens zur Entscheidung. Wenn es wirklich zum Kriege kam, so war nicht abzusehen, was geschah. Deshalb mußte diese kurze Spanne genutzt werden.

Fünf Tage lang war ich dem Kornett nicht mehr begegnet. Damals der Abend hatte mit einer Art von Mißklang geendet. Jetzt sollte Trenck ein Zeichen von mir haben, etwas, das ihn an mich erinnerte. Die Hofdame mußte raten. Was einen Mann freuen könne, fragte ich sie.

Agneta zuckte die Achseln und überlegte. Dann meinte sie trocken, das käme auf den Mann an.

„Du kennst ihn doch", entgegnete ich verwundert. „Warum sagst du es nicht?"

Wenn ich den Kornett von der Trenck im Sinn hätte, so sollte ich ihm nur Dukaten schenken, nichts sonst.

„Dukaten?" wunderte ich mich noch stärker. „Die schenkt der König seinen Offiziers, wenn sie sich verdient gemacht haben."

Vielleicht, antwortete sie, habe auch der Kornett sich verdient gemacht, und ich sei ja die Schwester des Königs.

Es war im Ton ihrer Worte etwas, das mich treffen sollte und auch wirklich traf. „Agneta", fragte ich schnell, „liebst du den Trenck?" Als ich diese Frage ausgesprochen hatte, überraschte sie mich selbst. Aber ich war plötzlich hellhörig geworden.

Die Hofdame stand mit hängenden Schultern da, antwortete nicht, obwohl sich ihr Mund unruhig bewegte, schien mit sich zu kämpfen, sah mich mit ihrem schrägen Blick an und kam auf mich zu. Dann nahm sie meine Hand und küßte sie. Es war eine merkwürdige Antwort auf meine Frage. Doch genügte sie mir nicht. Ich fragte noch einmal.

„Nein", antwortete sie ruhig, und ihr Auge war jetzt sanft.

Ich legte ihr den Arm um die Schulter. „Ach, Agneta", sagte ich, „was ist doch an uns Frauen, daß wir mit der Liebe soviel Not haben müssen. Die Männer sind besser dran." Dann fielen mir wieder die Dukaten ein. Ob die Hofdame meine, daß es ein gutes Geschenk sei?

Agneta, verändert jetzt und ergeben wie in früherer Zeit, antwortete: „Der Kornett braucht mehr, als er hat."

Ich stand auf, ging zum Schreibtisch, wo ich meine Kassette verwahrte, und zählte die Barschaft nach. Es lagen vierhundertdreißig Golddukaten in den Polstern aus grünem Samt. Ich behielt dreißig Dukaten zurück und zählte den Rest in einen flachen silbernen Kasten ab, dessen Deckel mit Halbedelsteinen aus dem Glatzischen ausgelegt war.

„Es ist zuviel", mahnte die Hofdame.

„Man kann nur zu wenig schenken, nicht zu viel", sagte ich und war froh, daß es etwas gab, den Kornett zu erfreuen. „Bringe es ihm gleich. Er wird Dienst im Schloß tun. Aber er soll es sich nicht stehlen lassen und das Kästchen im Kollett verstecken."

Es sei unvorsichtig, meinte die Hofdame vorwurfsvoll.

„Ich will unvorsichtig sein, Agneta. Man muß das Glück herausfordern. Das sagt auch der König."

„Aber es ist ein anderes Glück, das er fordert." Damit ging sie. Das Kästchen hatte sie in ein seidenes Tuch eingeknüpft.

Voller Unruhe, wie es ausgehen werde, setzte ich mich vor das Fortepiano und begann zu spielen. Aber die Sammlung fehlte, ich spielte schlecht, schlug den Deckel wieder zu und lief von Zimmer zu Zimmer.

Im kleinen Empfangssalon, mächtig anzusehen, die Vorderpfoten auf das Brett des offenen Fensters gestemmt, betrachtete Ax, der Hund, den Lustgarten aufmerksam von oben her. Dann und wann reckte er den Kopf aufwärts und windete mit seiner braunen Nase in die Luft, als müsse er sich davon überzeugen, daß der Juni wirklich der Monat der Wohlgerüche sei. Als er mich bemerkte, fuhr er mit einem wilden Satz herum, sprang an mir hoch und heulte vor Glück. Eine Weile tollten wir herum, die Zärtlichkeit des Tieres beglückte mich, ich empfand die gleiche unbändige Kraft des Gefühls – und in dieser Stunde des Glücksüberschwanges glaubte ich, es nicht nur mit dem ganzen preußischen Hof, sondern mit dem König selber aufnehmen zu können.

Dann geschah etwas Unerwartetes. Der Kornett stand in der Tür. Hinter ihm tauchte das besorgte Gesicht der Hofdame auf. Dieser Trenck wagte es, am hellichten Tage, da das Schloß von Verwandten und hohen Staatspersonen überfüllt, kein Flur und Winkel unbeobachtet war, im Flügel der Prinzessinnen einzudringen, als wäre es die selbstverständlichste Sache von der Welt.

Ich starrte ihm entgegen und rührte mich nicht, woraufhin Ax, der Hund, etwas gekränkt und mit schiefem Blick von mir abließ, um sich auf seinen Beobachtungsposten am Fenster zurückzuziehen, nachdem er noch den neuen Gast mit kurzem Bellen erforscht und umwedelt hatte.

Dann fand ich die Sprache wieder. „Ist Er wahnsinnig geworden, oder was sonst verlockt Ihn, unmittelbar von der Hochzeitsfeier weg nach Spandau geschickt zu werden?" Spandau war die Festung, mit der schon mehr als einer der Offiziere des Königs Bekanntschaft geschlossen hatte.

Der Kornett antwortete, daß ihm Spandau gleichgültig sei, daß er mir aber ohne Verzug habe danken müssen, geschehe was wolle. Dabei zog er das silberne Kästchen unter dem Kollett hervor, hielt es ehrfürchtig in der Hand und verbarg es wieder sorgsam unter der roten Uniform.

Ich wußte nicht, was ich tun sollte. Dieser Trenck hielt mich seit Wochen nicht nur in Atem, er hatte mein ganzes bisheriges Leben um und um gekehrt. Das mochte noch angehen. Aber heute rührte er mich. Es war in seinem Gesicht eine so knabenhafte Freude; die weitgestellten Augen, die manchmal frech und hochmütig zugreifen konnten, waren von einem so bewegten Glanz, daß ich meinem Gefühl folgen mußte, wenn immer auch der Kornett ein Debaucheur war, wie man von ihm erzählte.

„Kommen Sie, danken Sie mir, aber seien Sie vorsichtig", sagte ich und gab Agneta ein Zeichen, das sie sogleich verstand. Die Hofdame blieb, schmal und dunkel, im Empfangskabinett zurück und sah uns mit einem ergebenen Blick nach, indessen ich schon voranging, schwebend, wie es manchmal im Traum geschieht, ohne daß ich meiner Schritte bewußt geworden wäre, und anhielt, da jetzt der Kornett Trenck im Blauen Salon meine beiden Hände ergriff, beide, das merkte ich wohl, und sie küßte.

Darauf verging eine Zeit, sie wurde nicht im Potsdamer Stadtschloß verlebt, nicht in Preußen oder überhaupt einer bestimmbaren Welt, und ich erinnere mich des einen, daß ich ein paar Sekunden lang das silberne Kästchen als kleinen harten Abdruck an meiner Brust spürte und, da ich ja nicht den Gesetzen von Potsdam und Preußen gehörte, mich zurücklehnte und ein wenig lachen mußte, während ich leise sagte: „Die Dukaten."

Der Kornett hatte nicht gelacht, und auch ich hatte Dukaten und Silberkästchen schon wieder vergessen und blieb so, in der unnennbaren, unbestimmbaren Welt, die ich nicht kannte, und löste mich aus ihr los.

Ich ging auf einen der blauen Samtstühle zu, setzte mich und bedeutete dem Kornett, mir gegenüber Platz zu nehmen. Er tat es mit verzaubertem

Blick. „Wie schön sind Sie, Prinzessin Amélie", sagte er dabei.

Ich aber sagte, und alles, was ich in dieser Stunde tat und sprach, war mir neu und vertraut zugleich: „Das Unwirkliche ist abgetan. Ich will es. Sprechen Sie jetzt vom Wirklichen, Kornett von der Trenck. Die Wirklichkeit ist gefährlich."

„Ich liebe die Gefahr."

„Es kommt nicht darauf an, was Sie lieben, sondern darauf, was wirklich ist."

Der Kornett wußte keine Antwort. Es schien ihn zu entzaubern, daß ich Gefühl und Vernunft trennen konnte, wenn es an der Zeit war.

„Wie, glauben Sie, soll dieses enden?"

Der Kornett saß jetzt in seinem Stuhl wie die schöne Meißner Porzellanfigur eines Reiters in roter Uniform und starrte mich ungläubig an. „Aber ich lebe doch", er verbesserte sich und sagte schnell „wir leben doch. Wer lebt, denkt nicht an das Ende."

„Ich bin kein Husarenweib, ich denke daran. Was geschieht, wenn die Hochzeit der Prinzessin Ulrike vorüber ist?"

Trenck strahlte auf. Er habe heute Befehl erhalten, die Eskorte der Hoheit nach Stralsund zu führen, von wo das Brautschiff nach Schweden in See stäche.

Ich erschrak, ließ es mir aber nicht anmerken. „Das ist ehrenvoll, und was geschieht dann?"

Dann vermutlich rücke man in den Krieg.

„Und ich bleibe als Seine Wittib zurück?"

Der Kornett, jetzt vollkommen fassungslos, bat mich, nicht so kalt und wie die Zyniker zu sprechen, die ihre Gefühle aus Verachtung erwürgten.

„Ein kaltes Bad ist gut, wenn man sich erhitzt hat."

Darauf schwieg der Kornett und schien an Himmel und Erde zu zweifeln. Es faßte mich eine solche Welle von Liebe und gemeinsamer Not, daß es mich noch einmal zu diesem Friedrich Trenck hindrängte. Aber ich blieb auf meinem Platz, aufrecht, und sagte nur: „Es muß sein. Ich will wissen, in welches Dunkel der Weg abstürzt, wenn ich ihn schon gehe." Eine Antwort erfolgte nicht. Der Kornett blieb schweigsam. Danach reichte ich ihm die Hand zum Kuß, förmlich, mit weitausgestrecktem Arm.

Trenck wagte es nicht mehr, die Hand zu berühren, und küßte sie nach dem Zeremoniell, die Arme an den Körper angelegt. Ich blieb allein, schloß die Augen, wollte nachdenken und konnte es nicht hindern, daß ein fassungsloser Schmerz von mir Besitz ergriff.

Plötzlich fühlte ich einen weichen, wolligen Kopf auf den Knien, fuhr zusammen, wachte aus der Betäubung auf und begegnete dem bernsteinfarbenen Blick des Hundes Ax, der, zärtlich mit dem kurzen Schwanzstummel wedelnd, zu mir aufsah, als wäre er in alles eingeweiht und einzig dazu bestimmt, mich zu trösten. Da ich seinen Kopf streichelte, legte er mir vorsichtig die Pfoten auf die Knie und blickte mich jetzt, löwenhaft aufgerichtet, mit einer so unendlich vertrauenden Hingebung an, daß ich wieder zweifelhaft werden wollte, ob diese unzureichende und vielfach gebrechliche Welt nicht doch vielleicht zur Liebe geschaffen sei.

Ich erhob mich. „Komm, wir wollen ausreiten und vergessen, daß jede helle Stunde mit einer dunklen Stunde bezahlt werden muß."

Sogleich umtobte mich Ax, der Hund, mit Irrsinnssprüngen, heulende Glückslaute ausstoßend, indem er mich immer zwischendurch fast zerreißen wollte und ich die scharfen Zähne spürte, so behutsam sie auch zufaßten. Dann jagte er wie ein Pfeil vor mir her, gewaltig und dunkel bellend, vorüber an der Hofdame Agneta Kannstein, die uns verwundert nachsah. Ich wußte es wohl, sie verstand mich so wenig, wie ich mich selber verstand.

Am 17. Juli 1744 wurde Ulrike in Berlin unserem Bruder August Wilhelm, der als Thronfolger den Titel Prinz von Preußen führte, in Vertretung des schwedischen Kronprinzen angetraut. Man bemerkte bei diesen Festen mehr Pracht als bei den früheren, jedenfalls wurde nach den Worten des

Königs verfahren, daß die rechte Mitte zwischen Dürftigkeit und Verschwendung allen Fürsten wohl anstehe. Während man aber bei Hofe tanzte und sich in Vergnügungen erging, die der Versailler Hofhaltung Ehre gemacht hätten, wurden in aller Stille bereits die Zurichtungen zum Feldzuge getroffen, dessen Eröffnung dicht bevorstand.

In den eigentlichen Festtagen hatte ich den Kornett immer nur flüchtig und für jene kurzen Minuten gesprochen, in denen wir uns mitten im Gedränge der Gäste trafen.

Sah ich die Gladiatorenschultern und die schmalen Hüften im Rock der Garde du Corps, wußte ich es so einzurichten, daß ich ihm in den Weg geriet. Es war der doppelte Rausch der Liebe und des Abenteuers, denn nicht nur die Augen des Königs waren überall – jeder Kammerjunker schon war begierig, eine Kabale wittern zu können, zu schweigen von den Damen der höfischen Gesellschaft, die das Wort des Neuen Testaments wahrmachten. Sie lebten nicht vom Brote allein, sondern auch noch vom Klatsch.

Es war dann so, daß unsere Augen sich von weither trafen, daß die Schritte des Kornetts langsamer wurden, als wolle er die Begegnung tiefer auskosten, daß im gleichen Augenblick ein gleiches Lächeln in unseren Gesichtern erschien und die Lippen des Kornetts, die wie rote Herzkirschen anzusehen waren, nur für die Luft ein Liebeswort formten, das ich gleichwohl verstand. Dann summte ich, während schon die weitgebauschte Seide meines Kleides seine Uniform streifte – und ich hielt mich für einen Moment auf, den Kopf auf den Fächer geneigt, als wollten seine Straußenfedern sich nicht entfalten: „Seien Sie vorsichtig, mein Herr von der Trenck."

„Sie wissen, ich liebe die Gefahr."

„Die Gefahr?" Der Fächer entfaltete sich.

„Nicht die Gefahr allein, auch eine Dame von hohem Rang."

„Oh, Sie teilen Ihre Liebe, mein Herr. Das finde ich wenig ritterlich."

„Ich liebe Sie, Amélie."

„Aber Sie sind ein Unverschämter, Baron."

Die bunte Flut trennte uns, die Worte gingen schon im Gewirr der Stimmen, im gleitenden Rhythmus der Tänze unter. Mein Kopf schwirrte von Melodie. Ich hätte mich gleich vor das Fortepiano setzen können, und die Liebe, die meine Welt war, wäre Musik geworden.

Ich tanzte mit den Brüdern. Ich tanzte mit dem Schweden Tessin, den Herren des Hofes und den Generalen, die mich mit heiterer Ehrfurcht behandelten. Ich hätte ihnen vor Vergnügen ins Gesicht lachen können, denn ich liebte sie um dieses einen Rotröckigen willen, der doch der Geringste von allen war. Zwischendurch, wenn ich tanzte, suchte ich mit den Augen die Uniform, die niemandem gehörte als mir. Gehörte sie niemandem sonst, keinem König, keiner Frau? Heute gehörte sie mir.

Der Kornett tat seinen leichten höfischen Dienst, indem er Ehrengäste zum König geleitete oder kriegserprobten Feldmarschällen zu ihrem Champagnerkelch verhalf. Ja, ich sah es schon, er nahm seinen Dienst wichtig, wie Männer tun, wenn ihnen ein Amt schmeichelt, er ging mit federnden Schritten, eitel, sogar ein wenig hochmütig, denn er wußte, ich sah ihm zu. Ich sah auch, daß die Feldmarschälle mit ihm scherzten und die Gäste von weither ihn für einen großen Herrn nahmen, weil er sich so sicher vor den Augen des Königs bewegte. Sie, die Gäste, hätten das vor dem schrecklich durchdringenden Blick nicht gewagt.

Hatte der Kornett sie verlassen, so fragten sie wohl, wer der Offizier im roten Kollett gewesen sei. Und man antwortete ihnen mit einem Wort, das mein Bruder, der König, von Trenck gesagt hatte: „*C'est un matador de ma jeunesse.*" Auch der König liebte ihn – und was immer der Horizont an Gewittern verbarg, ich sah es nicht mehr, ich wollte es vergessen, ich freute mich.

Wir trafen uns wieder, als die Braten herumgereicht wurden und die Gläser aneinanderklangen. Die Blicke liefen voraus. Trencks Lippen formten das lautlose Liebeswort. Jetzt war es das seidene Tuch am Ausschnitt meines Kleides, das sich verschoben hatte.

„Sie sollen ein Verschwender geworden sein, Kornett von der Trenck. Man spricht schon davon. Sie haben Wagen und schöne Pferde gekauft. Die Equipage Ihrer Dienerschaft wächst. Wie geht das zu?"

„Ich bin ein Spieler, wenn die Hoheit erlaubt – doch nein, weil es die Hoheit erlaubt hat."

„Spielen Sie ehrlich, mein Kavalier?"

„Ich spiele hoch."

„Das haben auch die Falschspieler getan."

„Mein Schild ist rein."

„Und unter dem Schild das Herz?"

Wir trennten uns. Das Fest ging weiter, die blinde dionysische Welle spülte über uns fort. Der Schwedter Markgraf kam vorbei und lachte mir zu.

„Jetzt sind Sie an der hochzeitlichen Reihe, kleine Schwägerin Amélie."

„Schon am Zuge, nicht an der Reihe bloß, Schwager von Schwedt."

Der Markgraf blieb stehen. „Sie sind wunderbar verwandelt, Amélie, Sie sind aufgeschlossen und strahlen. Welchem Glücklichen war der Schlüssel gegeben?"

Da gerade der Oberzeremonienmeister sich näherte, lachte der Schwedter auf. „Vielleicht war er es, da ihm ja der goldene Schlüssel der Kammerherrn vertraut ist."

Pöllnitz, ohne zu wissen, was gesprochen wurde, lachte pflichtschuldig mit, wobei er sich in seinem betreßten Staatsrock wiegte.

„Ja, er war es", rief ich und hätte bersten können vor Glück, „er war es wahrhaftig auch."

„Wir wollen tanzen, Amélie", sagte der Markgraf, und ich merkte wohl, daß er meiner strengen Schwester Sophie Dorothee in dieser Minute die Treue keineswegs wahrte. „Das Leben ist kurz."

Ein Schatten fiel über das Fest. „Das Leben, Schwager, ist schrecklich kurz." Ich reichte ihm die Hand, die Gavotte begann. „Tanzen wir. Ich weiß besser als Sie, wie kurz das Leben ist."

Der neunte Abend kam, das Fest der Hochzeit neigte sich dem Ende zu. Noch einmal versammelte sich die Gesellschaft der Gäste im Opernhaus Unter den Linden, das, nach dem ersten Krieg um Schlesien von Friedrichs Freund Knobelsdorff erbaut, durch Ulrikes Hochzeit seine bisher glanzvollste Weihe empfangen sollte.

Die Kerzen der Kronleuchter gaben hundertfältiges Licht, der Widerschein lag auf den weißtoupierten Köpfen der Damen und Herren im Parkett, er fing sich in den Farben der Uniformen, den bunten Seidenkleidern der Frauen, deren Reifröcke der Taille gebauscht und reizvoll anlagen. Alle Gesichter aber, wie von einem Befehl ausgerichtet, waren unbeweglich der Bühne zugekehrt, wo die Sänger und Sängerinnen in antiken Kostümen die Melodien des Orchesters aufnahmen, das Johann Gottlieb Graun dirigierte.

Von dem anmutigen Wohlklang dieser Hochzeit der Instrumente und Stimmen umgeben, sann ich jener anderen Hochzeit nach, die in wenigen Stunden zu Ende ging. Jeder Augenblick war ein Fest gewesen, von Erwartung gefüllt, von Erfüllung gewartet. Es konnte danach nichts mehr kommen, das dem gleich war. Der Alltag begann, der Krieg begann. Das Ungeheuerliche folgte dem Feiertag. Die Liebe aber begann nicht mehr. Ihr früher Zauber, in der Heimlichkeit der festlichen Abende zu einem Wunder aufgeblüht, mußte an der Zeit sterben, die vor ihr lag. Denn was ernsthaft ist und ans Leben geht, kann nicht in alle Ewigkeit ein Spiel bleiben. Und niemals würde diese Liebe etwas anderes sein dürfen als ein Spiel. Solches dachte ich, weil es mir gegeben ist, das Richtige richtig zu sehen. Trotzdem glaubte ich es nicht.

Der Vorhang war gefallen. Der König stand jetzt, vom Hof umgeben, im großen Foyer und hielt Cercle ab. Ulrike kleidete sich noch für die Reise um. Draußen, vor dem Portal der Oper, standen schon die Kutschen zur Abfahrt bereit, auch der

Kornett Trenck wartete dort, abgesessen, mit der Eskorte, die den Brautwagen begleiten würde. Ich hatte jetzt keinen anderen Wunsch als den, daß alles schnell und völlig zu Ende sei. Der Abschied quälte mich.

Wirklich erschien der Oberhofmarschall Graf Gotter, von den Brüdern August Wilhelm und Ferdinand begleitet, und führte die Braut Ulrike dem König zu. Ulrike war anzusehen wie ein Bild, ihre Schönheit übertraf jede Erwartung. Sie trug ein Reitkleid, dessen Farben rosa und silber waren, dazu eine kriegerische Weste, die schmal an den Hüften anlag. Kragen und Aufschläge zeigten ein helles Grün. Auf dem schwarzen, dreieckigen Samthut der Reiterin saß, mit einer brillantenen Agraffe befestigt, ein schmaler, weißer Reiherbusch, der ihrem Haupt eine eigenartige Kühnheit gab, und unter dem Hut das fliegende blonde Haar war mit einem gleichfalls rosenfarbenen Bande umwunden.

Bei aller Bewunderung erheiterte mich die geradezu ausgeklügelte Sorgfalt, die an dieses amazonische Reitkleid gewendet war. Ulrike konnte kühl bleiben, wenn sie eine Eheschließung erwog, nicht aber, wenn sie die Wirkung eines Kleides bedachte, das sie dann allerdings mit vorbildlichem Gleichmut zur Schau trug.

Indessen waren solche ketzerischen Gedanken nicht am Platze. Der Schmerz des Abschiedes griff um sich, der König selbst war bewegt. Das Maß sozusagen schien voll. Da brachte unser jüngster Bruder Ferdinand es im wahren Sinne des Wortes zum Überlaufen. Er umarmte Ulrike plötzlich und brach in Tränen aus. Jetzt gab es kein Halten mehr. Ulrike weinte, der Hof weinte, alte Generäle räusperten sich verdächtig, um die aufsteigenden Tränen nicht merken zu lassen, der König, ebenfalls um seiner Bewegung Herr zu werden, drückte unserer Schwester Sophie Dorothee schnell ein Pergament in die Hand. Es war die Ode, die er Ulrike zum Abschied gedichtet hatte und die mit den Worten begann:

*Partez, ma Sœur, partez
La Suède vous attend, la Suède vous désire..*

Diese Ode sollte Ulrike in Schwedt, der ersten Station ihrer Reise, empfangen. Da erschien der Oberhofmarschall Gotter zum andern Mal, bot Ulrike den Arm und führte sie die äußere Freitreppe herab, während der König und die Geschwister folgten.

Ein Kommando klang durch die von Fackeln erhellte Dunkelheit der Straße. Es fuhr mir mitten ins Herz. Das war Trencks Stimme, wie ich sie noch nicht gehört hatte. Sie war zugleich männlich und schneidend kalt. Die Eskorte der Garde du

Corps saß auf und formierte sich. Gerade geleitete Gotter unsere Schwester Ulrike zum ersten der in langer Reihe vorgefahrenen Wagen, in dem sie mit ihrem preußischen und schwedischen Hoffräulein, den Damen Knesebeck und Sparre, Platz nahm. Die vier Schimmel der Brautkutsche, vom Sattel aus gefahren, traten an. Auch die Eskorte ritt an. Und während die Spaliere der Berliner Bürgerschaft, die sich noch dieses letzte von vielen Schauspielen nicht hatte entgehen lassen, Vivat riefen, der Hof von der Freitreppe herab winkte und allerlei Wünsche durch die Luft schwirrten, zog der Kornett der Garde du Corps seinen Hut in weitem, vorgeschriebenem Bogen vor dem König, während sein Blick mich fand. Vielleicht aber, dachte ich plötzlich, galten Blick und Gruß niemand anderem als der tief befriedigten Eitelkeit des Mannes Trenck, im Angesicht der Residenz eine Rolle zu spielen.

Wagen auf Wagen fuhr jetzt vor. Ich wartete nur den nächsten noch ab, den meine Schwester Sophie Dorothee und der tolle Schwedter Markgraf bestiegen, um Ulrike auf dem ersten Teil ihrer Brautreise das Geleit zu geben. Auch das Auge des Schwagers suchte mich, aber ich hatte mich schon abgewandt, ehe es mich finden konnte. Ich war nicht sowohl müde als leer und sehnte mich nach Ruhe.

Als ich mein Zimmer betrat, stand, dicht an der Tür, wie er mich seit Stunden erwartet hatte, schweifwedelnd Ax, der Hund, und überschüttete mich, kaum, daß er mich spürte, mit einem Wahnsinnsausbruch von Sprüngen und unendlich liebendem Gejaul, als hätte er mich seit Jahren nicht gesehen und fände nun eine Totgeglaubte wieder. Ich ließ es geschehen, seltsam getröstet, daß es im allgemeinen Aufbruch und Abbruch, da abermals eine Station hinter mir zurückblieb, ein Wesen gab, das mich einfach suchte, um mir mit seiner Daseinskraft nahe zu sein. Ich ließ dem Hund meine Hände, die er immer wieder zwischen seine weißen Wolfszähne nahm, ohne mir wehezutun, und während es geschah, dachte ich an einen schon fernen Kornett, der jetzt durch die Sommernacht ritt, fremden Abenteuern entgegen.

Ich trat zum Fenster. Der Berliner Lustgarten lag bereits dunkel und still, ein weicher Wind ging, es hatte sich bezogen. Eine große Ruhe kam über mich, ich wandte mich um. Auch Ax, der Hund, hatte sich beruhigt. Er trabte noch ein paarmal emsig auf und ab, wobei seine starken, aber stumpfen Krallen ein lustiges kleines Geklapper auf dem Parkett hören ließen, rollte sich dann auf dem ihm bestimmten Platz im Vorflur zusammen, fand wie stets die Lage nicht, begann von neuem und streckte sich nun, tief aufatmend, nieder, während sein

Blick aus schon halbgeschlossenen Lidern immer noch nach mir suchte – ein Geschöpf, das liebend einschlief, um erwachend zur Liebe bereit zu sein.

Der Flügel des Schlosses, in dem ich diesmal wohnte, im Volksmunde ‚Apothekerflügel' genannt, lag, als ich am andern Morgen die Augen aufschlug, noch vollkommen ruhig da. Auch vom Lager des Hundes kam nur dann und wann ein Laut tiefen, brummenden Wohlbehagens im Schlaf. Sonst hörte man weder Stimmen noch Schritte. Ich fühlte mich ausgeruht und angenehm müde zugleich, empfand, als wäre ich eine alte Frau, keine Lust, schon wieder von neuem zu beginnen, verfiel einer träumerischen Nachdenklichkeit ohne ersichtliches Ziel und war im Begriff, nochmals einzuschlafen, als es an meine Tür klopfte. Agneta trat ein. Der König habe den Adjutanten von Bülow herübergeschickt. Er, der König, würde sich freuen, die Prinzessin Anna Amalia zu sprechen. Sogleich war ich hellwach und fuhr auf. Der Kampf begann, mochte der Befehl in noch so freundliche Formen gekleidet sein. „Aber der König –" fragte ich, um Zeit zu gewinnen, mein Blick fiel auf die Uhr – „schläft denn der König nicht noch?"

Des Königs Majestät, antwortete die Kannstein, habe die Nacht durchgearbeitet, das Schloß wimmle von Offizieren. Ich fühlte mich schuldbewußt, weil der Bruder gearbeitet hatte, während die Schwester schlief. Wiederum begriff ich jetzt die totenähnliche Ruhe im Ostflügel des Schlosses, da alle Energie sich im westlichen Teil gesammelt hatte. Ich kleidete mich schnell an, frühstückte kaum und ging durch die winkligen Flure des gotischen Baues den Königszimmern zu. Je näher ich kam, um so stärker begann mein Herz zu klopfen. Gewöhnte man sich schon an die königliche Sonne nicht – die Gewitter, die Friedrich zu entfesseln vermochte, ließen noch die härtesten Krieger erbeben, weil sie leise und furchtbar waren, eisige Schläge austeilend, wo man das krachende Donnerrollen des früheren Königs erwartet hatte.

Generäle und Adjutanten begegneten mir, sie grüßten eilig und förmlich, ohne wie sonst mit einem devoten Scherzwort stehenzubleiben. Die Luft, so schien es, war von Drohungen erfüllt. Auch der Tag vor den Fenstern wollte sich nicht aufhellen, er blieb trübe und stumpf.

Im Audienzzimmer traf ich den Bruder Heinrich an. Er schien verstimmt, vielleicht auch nur übernächtig, wurde aber gleich lebhaft, als er mich sah. „Phaëton verlangt nach dir? Wie glücklich mußt du sein. Mich vergißt er im Vorzimmer, er läßt mich noch in den Antichambres sterben."

Ich entgegnete, daß ich nicht besonders glücklich sei. Er könne mich auslachen, ich hätte Furcht.

Heinrich zeigte sich über diesen Ausspruch in seiner immer zur Heftigkeit neigenden Art entzückt. „Du nennst unser Erbübel, Amélie. Natürlich hast du Furcht." Er blieb plötzlich verbissen stehen. „Und weißt du auch, warum wir die Furcht vor der Autorität nicht loswerden? Wir haben zuviel Ehrfurcht im Leibe. Unsere Gnade ist unser Fluch. Und Phaëton ist klug genug, davon zu profitieren."

Ich sah den Bruder zweifelnd an. Man wußte damals nie genau, ob seine Angriffe ernst gemeint waren oder einer jugendlichen Spiegelfechterei entstammten, die sich in Wortspielen gefiel. Jedenfalls vergaß ich für ein paar Augenblicke meine Angst.

Dann öffnete sich die Tür, der Adjutant vom Dienst trat auf Heinrich zu und übermittelte ihm das Bedauern der Majestät, des Prinzen Hoheit jetzt nicht empfangen zu können. Mein Bruder sprach kein Wort, drehte sich ab und verließ das Zimmer.

Ich folgte dem Adjutanten durch zwei Säle hindurch. Im dritten, jenem runden Rokokokabinett, das der Spree zu gelegen ist, sah ich mich dem König gegenüber. Er drehte mir den Rücken zu und unterschrieb stehend ein Aktenstück, mit dem der Sekretär sich sogleich entfernte. Dann wandte der König sich um.

Hatte ich einen unnahbaren Monarchen erwartet, wurde ich aufs tiefste überrascht. Friedrichs Züge trugen eine so gewinnende Freundlichkeit zur Schau, daß ich mich befreit und befangen zugleich fühlte, denn auch mein Widerstand war vor dem brüderlichen Lächeln geschwunden. Er deutete eine Umarmung an, wobei er sich erkundigte, wie mir der Abend bekommen sei. Es gehe kriegerisch zu, fuhr er fort, aber niemand solle ihm vorwerfen, daß er sich um seine jüngste und letzte Schwester nicht bekümmert habe. „Sie sind verwaist, kleine Amélie, Sie haben Sehnsucht", sagte er leichthin, ohne mich anzusehen, „Ihre Schwester Ulrike fehlt Ihnen – sie fehlt mir auch."

Auf einmal begann er von unserm Vater, dem König, zu sprechen, von den Pflichten, der Strenge und dem Gesetz. „Unseres Vaters Majestät war ein harter Mann. Dafür hat er die Armee geschaffen, und die Armee ist der Staat. Wäre er nicht um dieses Werkes willen unsterblich, wäre er es für ein einziges Wort, das er gesagt hat. Kennen Sie es, Prinzessin Anna Amalia?"

Verwirrt stammelte ich und merkte wohl, die Worte des Königs hatten einen doppelten Sinn, so ruhig und offenbar arglos sie gesprochen wurden: „Ich weiß nicht, welches Wort Eure Majestät meint."

„Es ist ein großes Wort. Es sollte in den Bibeln

derer stehen, die herrschen dürfen." Er sah flüchtig zu mir hin und sprach es aus: „Könige müssen mehr leiden können als andere Menschen."

Für einen Moment wurde es still. Man hörte unten die gedämpften Stimmen von Fischern, die auf einem Spreekahn vorüberfuhren.

Dann sprach der König weiter. Er sprach von den Regierenden, die ein Geschäft an die Jahrhunderte haben und sich darum nicht selber gehören dürfen. „Ich gehe in einen schweren Krieg, Amélie. Das Leben aber, das vor mir liegt – wenn anders ich zurückkomme – wird schwerer sein als der Krieg. Ich habe keine Feiertage mehr, dafür habe ich einen Dienst, und das ist nun mein Teil." Mit einem weisen und heiteren Lächeln setzte er hinzu: „Ich habe sogar auf die Liebe verzichtet, und dieses auch wird zu tragen sein."

Das Blut schoß mir ins Gesicht, der König schien es nicht zu bemerken. Er plauderte über mich hin, als seien ihm gerade ein paar Randbemerkungen zum Wesen der Liebe eingefallen. Die Liebe, sagte er dabei, sei das vergnüglichste Geschenk, das uns der Himmel gegeben habe, doch sei es so wichtig nicht. Die Fortpflanzung sei wichtig, auf ihr beruhe der Staat. „Ich will Ihnen ein Beispiel nennen, Amélie. Als Bruder würde ich mich nicht darum sorgen, wenn meine Schwestern galanten Abenteuern nachgingen, wie die Prinzessinnen anderer

Höfe auch. Ich bin kein Eiferer und Asket. Aber ich bin König von Preußen. Ich brauche die Unverletzlichkeit der Töchter meines Hauses, weil der Staat sie für die Eheschließung mit fremden Thronen braucht. Hören Sie mich, Amélie?"

Ich nahm allen Mut zusammen und hielt, ohne jetzt die Farbe zu wechseln, dem Blick des Königs stand. „Ich höre Sie, aber ich verstehe Sie nicht, mein Bruder."

„Sie brauchen mich nicht zu verstehen, kleine Schwester. Es trifft Sie nicht. Ich sprach nichts anderes als monarchische Grundsätze aus." Sein Auge ging über mich fort. „Das Rebellentum", sagte er, „liegt uns im Blut. Ich kenne es wohl. Es wird von der Härte erzeugt, wenn sie auf männliche Herzen trifft. Aber man muß wissen, wann man rebellieren darf – und wann es damit zu Ende ist. Man muß seine Pflicht kennen. Auch unser Bruder Heinrich kennt sie noch nicht. Mag es so sein, er ist jung, er wird lernen. Und je größer seine Gaben sind, um so schmerzhafter wird die Lehre sein."

Er wandte sich zum Schreibtisch zurück, suchte kurz, zog unter Stößen von Aktenbögen ein einzelnes zierliches Blatt hervor und reichte es mir mit bezwingender Liebenswürdigkeit hin: „Kennen Sie diesen Brief? Sie werden mir erlauben, ihn nach mehr als Jahresfrist zu beantworten."

Folgendes las ich, datiert vom 1. März 1743:

„Mein teuerster Bruder. Ich weiß nicht, ob es nicht zu kühn ist, Ew. Majestät mit Privatangelegenheiten zu behelligen; aber das große Vertrauen, das meine Schwester Amalia und ich in Ihre Güte setzen, ermutigt uns, vor Ew. Majestät ein aufrichtiges Geständnis von der Lage unserer beider Finanzen zu machen, die gegenwärtig sehr zerrüttet sind, da die Revenuen während der letzten dritthalb Jahre ziemlich schmal waren und nur 400 Taler jährlich betrugen, was zur Bestreitung all der kleinen, für ein Damenadjustement erforderlichen Ausgaben nicht ausreichte. Dieser Umstand, dazu unser zwar geringes, aber nicht zu vermeidendes Kartenspiel, hat uns in Schulden gebracht. Die meinigen betragen 1500 Taler, die meiner Schwester Amalia 1800 Taler Kurant.

Wir haben der Königin-Mutter nichts davon gesagt, obwohl wir überzeugt sind, daß sie uns beizustehen gesucht haben würde. Da dies aber nicht ohne einige Unbequemlichkeit für sie selbst tunlich gewesen wäre und sie sich in ihren eigenen Ausgaben hätte einschränken müssen, hielt ich es für besser, uns unmittelbar an Ew. Majestät zu wenden, überzeugt, daß Sie es übelgenommen haben würden, wenn wir die Königin um das geringste Vergnügen gebracht hätten – und besonders, da wir

Sie, mein teurer Bruder, als den Vater der Familie ansehen und hoffen, daß Sie so gnädig sein werden, uns zu helfen. Wir werden niemals die gütigen Handlungen Ew. Majestät vergessen, und wir bitten, der vollkommenen und zärtlichen Liebe versichert zu sein, mit welcher wir stolz sind, zeitlebens zu verharren.

> Ew. Majestät gehorsamste Schwestern und Dienerinnen
> Louise-Ulrique und Anne-Amélie.

P. S. Ich bitte Ew. Majestät untertänigst, nichts hiervon der Königin-Mutter zu sagen, da sie vielleicht den Schritt, den wir hier tun, nicht billigen möchte. Amélie."

Der König wiederholte, als ich den Brief sinken ließ, seine Frage: „Kennen Sie den Brief?"

Ich bejahte verlegen, und wie sehr ich mich vorhin in meinem Gefühl gegen den Bruder zur Wehr gesetzt hatte – jetzt fühlte ich mich wieder recht als Kind.

„Ulrike", sagte der König, „hat es von ihrer Mitgift begleichen können. Aber Sie, Amélie, sollen nicht zu kurz kommen." Er schob mir eine Börse zu, die 5000 Dukaten enthielt. Dabei blickte er mir aufmerksam ins Gesicht. „Wenn es einen

Gott gibt, und ich zweifle nicht daran, wenn ich Sie ansehe, so möchte ich ihn bitten, Ihnen Ihre Jugend zu erhalten, die das Wesen Ihrer Schönheit ausmacht. Leben Sie wohl, Amélie."

Als ich in mein Zimmer zurückgekehrt war, ließ ich die Hofdame Agneta rufen. „Er weiß alles", sagte ich. „Wer, glaubst du, hat es ihm verraten?"

Die Hofdame überlegte und antwortete langsam, niemand brauche es dem König zu verraten. Die Majestät habe für Menschen das zweite Gesicht.

Ich schüttelte den Kopf. Auch der König sei kein Hellseher. Vielleicht habe Pöllnitz geschwatzt.

Pöllnitz nicht, erwiderte Agneta hartnäckig. Er sei ein Kavalier und außerdem feige. Er werde nicht daran denken, sich zwischen zwei Stühle zu setzen. Eher, sagte sie, ihr schräger, dunkler Blick haftete nicht, habe der Kornett selber geschwatzt.

„Nein", rief ich, „oder gleichviel, ich will es nicht wissen. Außerdem glaube ich es nicht."

Der König, fuhr die Hofdame fort, wüßte wohl, daß der Kornett aus Eigenem nicht in der Lage sei, Wagen, Pferde und Dienerschaft zu halten, wie es seit kurzem geschähe.

„Aber", warf ich ein, „der König hat mich eben aufs reichste beschenkt." Ich hielt ihr die Börse hin. „Wenn er einen Verdacht hätte – er hat keinen Namen genannt –, so würde er mich doch nicht in den Stand setzen, zu tun, was er mir verbietet."

„Er ist wie Gott", antwortete die Hofdame dunkel. „Indem er begnadet, versucht er."

Der Gedanke traf mich wie ein Schlag. „Das wäre teuflisch, Agneta."

„Es ist groß. Er hat Sie gewarnt. Er stellt Ihnen die Wahl und läßt Ihnen die Freiheit der Entscheidung."

Ich warf die Börse auf den Tisch zurück. Die Goldstücke gaben einen metallenen Klang. „Ach, es ist schon alles häßlich. Man spricht darüber und deutet daran herum. Die großen Gefühle, das habe ich wohl gemerkt, sollten nicht länger dauern als einen Tag und eine Nacht. Was danach kommt, hat das Geheimnis nicht mehr –"

Der von der Trenck, meinte die Hofdame geringschätzig, habe das Geheimnis nie gehabt.

Ich wollte zornig auffahren, bezwang mich, fühlte plötzlich wieder die ungeheure Sicherheit dieser Liebe wie einen heißen, beglückenden Strom in allen Pulsen zugleich und sagte: „Vielleicht hast du recht, Agneta. Allein was tut es? Mir genügt, daß ich das Geheimnis kenne, und ich werde es gegen euch alle verteidigen – sogar noch gegen mich selbst."

„Gegen alle und gegen Sie selbst – gegen den König nicht."

Inzwischen waren die letzten jener Verhandlungen abgeschlossen worden, die dem zweiten Kriege um Schlesien vorangingen. Der Graf von Rothenburg hatte in Versailles den Bündnisvertrag mit dem Fünfzehnten Ludwig gegen Österreich unterzeichnet und der König den Frankfurter Gegenkaiser Karl VII. sowie Kurpfalz und Hessen-Kassel für Preußen gewonnen. Somit war erreicht, was innerhalb des politischen Kräftespiels überhaupt erreichbar schien – es war, wie sich bald herausstellen sollte, wenig genug und blieb ein Fetzen Papier ohne militärische Wirksamkeit. Immerhin stand dem Vormarsch des Königs jetzt nichts mehr im Wege.

In diesen Tagen kam der Kornett Trenck mit der Eskorte von Stralsund nach Potsdam zurück. Die Reise zu Land, so hörte man, wäre ohne Unfall verlaufen, doch hätte die prinzliche Braut weiterhin noch Gefahr bestehen müssen. Die schwedische Fregatte, auf der sie sich befand, sei, nach der Erzählung rückkehrender Schiffer, zwischen Stralsund und Malmö in schwere Seenot geraten und nahe daran gewesen zu scheitern.

Das Abenteuer Ulrikes löste tagelang die Gespräche vom Kriege ab und gab der Unterhaltung unendlichen Stoff. Mich indessen erregte es nicht. Es war mit Glück abgelaufen, also lohnte es nicht, darüber zu sprechen. Auch wäre es Ulrike nicht bestimmt gewesen, mit einem Schiff unterzugehen, wenn sie ausfuhr, eine Königskrone zu gewinnen. In ihr war das Gleichmaß, dem die Elemente nichts anhaben konnten. Ich sah ihr kühles, ein wenig spöttisches Lächeln und die hellen Augen, die nicht zu erschrecken vermochten, weil ihnen die Verwunderung fremd war.

Ich aber, in das Wunder verstrickt, hatte Lust, besinnungslos um mein Leben zu jagen und die Elemente herauszufordern, die sich, im Guten und Bösen, gewalttätig um mich stritten. So bestellte ich mein Pferd. Ax, der Hund, jagte in langen, pfeilschnellen Sprüngen voraus, sein schwarzes Rückenhaar glänzte wie edles, russisches Pelzwerk in der Sonne, und sein dunkles Geläut erfüllte die Stille des Mittags mit der Freude der Kreatur.

Hinter mir keuchte der Stallmeister Henning auf seinem schweren Braunen drein, und ich hörte ihn leise Flüche ausstoßen, die nicht seinem Pferd galten, sondern mir. „Daß die Hoheit der Teufel –" und „alles Gebein wird sie brechen – ho schön hopp, verflucht –" Ich aber lachte und achtete nicht darauf. Es schneite Glück vom Himmel, mitten im Sommer. Trenck, der Kornett im roten Rock, war wieder da. Also ritt ich mitten in den Flockenwirbel von Glück hinein.

Die Havelufer blieben zurück, Wiesen dampften in der Glut, sie warfen sich dem Hufschlag entgegen. Unhörbar sang ich, was ich dachte, vor mich hin: Diesen Weg bin ich mit Ulrike geritten, damals, als ich ihr den Kronprinzen von Schweden schenkte. Wir ritten bedächtig, wie Prinzessinnen, wir hatten Zeit. Das Leben lag vor uns und war weit fort. Jetzt ist es nahe herbeigekommen, wir sind ihm an den Gurten, wir werfen es aus dem Sattel oder stürzen selbst. „Stürzen", rief ich laut und zog das Wort lang, denn ich sprang gerade über einen Graben, der am Wege lag. Dann hielt ich an.

„Ja, stürzen", murrte der Stallmeister und landete neben mir, sein Atem ging schwer. „Die Hoheit hat es eilig damit."

Ich mußte lachen, während Ax, der Hund, uns bellend umkreiste. „Es ist noch nicht an dem."

„Aber nahe genug."

„Ich will absitzen und mich ins Gras legen."

Der Stallmeister schüttelte mißbilligend den Kopf, weil es gegen die Ordnung verstieß, daß Prinzessinnen sich, außer bei höfischen Gartenfesten, wie Schäferinnen benahmen. Aber er half mir ohne Widerrede vom Pferd. Die Hoheit mache einem heiß, meinte er dann und wischte sich mit seinem Sacktuch das rote Gesicht.

„Besser heiß als kalt", lachte ich ihn aus und konnte mich nicht lassen vor Kraft.

Ax, der Hund, hatte sich, gewaltig hechelnd, im hohen Gras ausgestreckt, die schöngeformte Zunge hing ihm schmal und rot aus dem wölfischen Maul. Er sah wie ein gotischer Wappenhund aus, der vom Baumeister an den Domfirst verbannt ist, um dort Wasser zu speien. Die bernsteinfarbenen Augen waren auf mich gerichtet, wenn auch jetzt klein geschlitzt. Man konnte meinen, daß er in mein Lachen einstimme.

Eine Zeitlang blinzelte ich, lang ausgestreckt, in den blauenden Tag, nichts denkend, als daß ich lebte. Es war nur das Hecheln des Hundes zu hören und das mahlende Geräusch von den Kiefern der Pferde, die, vom Stallmeister am Trensenzügel gehalten, das Gras mit langen Hälsen in Büscheln rupften. Der Geruch ihrer Leiber mischte sich mit dem kräuterhaften Atem der Wiese. Dann richtete ich mich auf. Der Stallmeister stand zwischen den Rossen, ein rotbäckiger Pan der Mittagsstunde, wenn auch königlich preußisch uniformiert, und blickte tiefsinnig drein.

„Woran denkt Er, Stallmeister Henning?"

Er dächte an mancherlei, mit Verlaub der Hoheit. Wenn man jung sei, habe er überlegt, gehe kein Ding schnell genug, und wenn man alt werde, gehe alles schneller vorüber, als einem lieb sei. Es könne keiner vom anderen borgen.

„Er ist ja ein Philosoph wie Sein König", sagte ich. „Aber Er hat recht, borgen kann man nicht. Man muß in barer Münze bezahlen." Eine Erinnerung flammte auf und begann, Feuer zu werden. „Man darf die Dukaten nicht verstecken, es sei denn", lachte ich ihn an, „unter dem Rock der Uniform, dort, wo man das Herz sitzen hat."

Der Stallmeister beugte sich vor, um besser zu hören, er verstand kein Wort.

„Laß Er nur. Das ist meine Philosophie. Er braucht sie nicht zu verstehen." Aber das Feuer war da und brannte. „Kennt Er den Kornett von der Trenck?"

Der vorwurfsvolle Blick antwortete, daß ein Stallmeister des Königs die Kornetts von der Suite kennen müsse.

„Ja, Er kennt ihn besser als ich. Aber ich muß ihn sprechen" – war ich schon ohne Scheu und Scham? „Er soll mir rapportieren, wie die Stralsunder Reise verlaufen ist. Bestelle Er das dem Kornett. Er solle sich einfinden, heute noch, Ort und Stunde sei ihm bekannt."

Der Stallmeister wiederholte arglos den Auftrag.

„Aber bestelle Er es insgeheim. Es gibt so viele Neider bei Hof."

Neider gab es, den Teufel auch, mit Permission. Er werde so verfahren, wie es befohlen sei.

Das sagte er, und ich liebte auch diesen brandenburgischen Rundschädel um seiner arglosen Treue willen. „Schnell", rief ich, „wir haben uns schon zu lange verweilt. Die Zeit ist kurz."

Ich ritt weiter, von der Erwartung gejagt, verwundert, wohin wir treiben, wenn wir aufgehört haben, mit dem Kopf zu leben, und uns den Sinnen überantworten.

Die Abreise des Königs zur Armee war überraschend für den morgigen Mittag angesetzt worden. Die Hofdame Agneta brachte die Nachricht mit, als sie den Kornett zur kleinen Pforte am Ausgang der stufenlosen Treppe zurückbegleitet hatte.

Dann war dieses der Abschied für den Krieg gewesen. Wir – Trenck und ich – hatten es nicht gewußt. Es konnte nicht möglich sein. Ich hatte ihm noch so vieles zu sagen. Die flüchtige Zeit reichte nie. Aber ich sah Agneta nur wortlos und betäubt an.

Sie hob das Licht gegen mich. „Sie glühen ja", sagte sie, beinahe scheu, nahm mit der freien Hand einen Spiegel vom Tisch und hielt ihn mir vor.

Ich war wahnsinnig gewesen und wußte es wohl. Es befand sich unter meinen Kleidern ein tatarisches Kostüm, das ich einmal auf einem Maskenball getragen hatte. Man sagte mir damals, es mache mich schön. Dieses Kleid hatte ich angelegt, um dem Kornett zu gefallen. Er aber nach Männerart bemerkte es nicht. Nur, daß ich eine Kappe von Pelz trug, war ihm, da wir uns schon trennten, wunderlich erschienen.

Oftmals hatte ich mich im Spiegel betrachtet. Zum erstenmal heute in der Nacht versuchte ich, mich mit den Blicken eines Mannes zu sehen. Meine Augen sind blau mit einem grauen Rand. Das sind nicht Friedrichs Augen, auch die Augen der Schwester nicht. Diese haben den hochmütigen, hellen Blick der Raubvögel, die, gleichgültig unter der Sonne kreisend, noch die huschende Feldmaus auf dem Boden erspähen. Die Augen im Spiegel sind kindlich und geben sich hin. Sie stehen dunkel unter geschwungenen Brauen. Darüber die Stirn, soweit die Kappe sie freiläßt, zeigt eine gerade, doch klare Form, indessen die Nase ohne Bedeutung zu zierlich ist. Der Mund, schwellend und rot, scheint mir als einziges schön. Ob er auch dem Kornett so erschienen war, daß er darum das Kleid nicht bemerkt hatte?

Ich trat ein wenig zurück. Jetzt sah ich das Gesicht in seinem weichen Oval, nicht Augen, Nase und Lippen mehr. Was aber war das für eine huschende Neugier in meinen Zügen? Oder war es eine Verwirrung, flüchtig aufsteigend, ein kaum geahnter Schreck, dennoch für Sekunden unverlierbar eingeprägt wie die Strahlung eines Wetterleuchtens am Horizont? Ich erkannte mich selber nicht, ich hatte mich nie gesehen. Es war ein fremdes Gesicht, von der Liebe gezeichnet.

Die Hofdame ließ den Spiegel sinken, sie stellte

den Leuchter auf den Tisch. Während es geschah, warfen die Kerzen flackernde Schatten an die Wand.

„Was tun wir?" sagte ich. „Sind wir nicht kindisch?"

„Sie sollten sich sehen, wie der Kornett von der Trenck Sie nicht gesehen hat, wie er Sie niemals sehen wird. Er hat ein kaltes Herz."

„Du verwirrst mich nicht mehr", antwortete ich ihr. „Ich habe mich entschieden – gegen meinen Bruder, den König." Dabei öffnete ich die Tür zu der kleinen Estrade, auf der ich an jenem ersten Abend mit Trenck gestanden hatte, als unten der König vorüberging. Der Lustgarten lag schweigend, wie tot. Nur die Posten machten ihre gespenstische Runde. Ein schwerer, beklemmender Atem lag über der schlaflos schlafenden Stadt. Das war der Krieg.

„Sie haben", drang die leise Stimme der Hofdame an mein Ohr, „dem von der Trenck ein Geschenk gemacht, daß er sich den Rappen aus arabischer Zucht kaufen kann, von dem er Ihnen erzählt hat?"

Ich antwortete nicht. Es ging nicht mehr um Goldtaler und einen Araberhengst, es ging um das Leben oder den Tod. Ich drehte mich um. „Wird der Kornett fallen?"

Die Hofdame stand wie ein Schatten an der Tür. Man sah nur die helle Fläche ihres Gesichtes und daß sie abwehrend den Kopf bewegte. „Solche Männer fallen nicht im Krieg."

Ich aber stürzte mich in ihre Arme, ich klammerte mich an ihr fest, ich weinte meine Angst, meine Liebe, die verzweifelte Gewalt meiner Leidenschaft an ihrem Halse aus. Es sprengte mich entzwei, daß der Kornett Friedrich Trenck ohne Abschied von mir fortgegangen war.

Der Krieg hatte begonnen. Die Nachrichten vom Kriegsschauplatz klangen nicht gut. Alle Karten zugleich schienen gegen den König auszuschlagen.

Prag kapitulierte zu schnell, der König stieß ins Leere, die Armee kam zu keiner Aktion. Drüben, der Graf von Abensperg und Traun, Feldmarschall der Kaiserin, wich und wich, er hatte Truppen und Brot, er hatte unendliche Zeit. Jeder kampflos gewonnene Tag war für ihn ein müheloser Schritt zum Sieg. Wollte der König nicht von Schlesien abgeschnitten werden, wo Proviant und Pulver lagen, mußte er Böhmen räumen. Der König räumte und ging auf Schlesien zurück. Massen von Kriegsmaterial blieben liegen, siebzehntausend Mann desertierten. Die Armee, hungrig, strapaziert, im tiefsten mißvergnügt, war nahe daran zu meutern. Der Tiefpunkt schien erreicht. Es kam noch schlimmer.

Die Reichsfürsten, bisher dem König verpflichtet, machten ihren Frieden mit der Kaiserin. Dadurch schied auch Frankreich als preußischer Verbündeter aus. Der König stand allein, ohne Bundesgenossen, ohne Geld. Die Staatsmänner Europas schlossen Wetten auf seinen Kopf ab. Die eigenen Staatsmänner rieten zu einem Frieden um jeden Preis. Der König blieb unbeirrbar und wartete, bereit, die Probe auf das Exempel Friedrich von Preußen abzulegen, an dem die eigenen Brüder und viele seiner Generäle gezweifelt hatten.

Das Wunder kam. Es kam aus dem Genie des Königs und zugleich aus dem Gesetz, das den Ausgang der Tat heiligt, wenn die Tat an sich richtig ist. Dieses Gesetz trug der König, mein Bruder, seit dem zweiten Kriege um Schlesien wie eine Uhr in der Brust. Die Uhr schlug, auch die Stunde des Feldherrn schlug – sie schlug Zweifler wie Heinrich zu Boden.

Die Kaiserin berief Traun nach Italien ab. Der Prinz von Lothringen, der im Oberbefehl allein blieb, war für Friedrich kein Gegner mehr. Der König bereitete ihm eine schnelle und vernichtende Niederlage bei Hohenfriedberg. Auch das Exempel des Feldherrn hatte gestimmt.

Das war die erste von vielen späteren Schlachten im Angesichte des Unterganges, der nicht nur der eigene des Königs, sondern auch der Untergang des Staates, der Untergang von fünf Millionen

Preußen und unseres Hauses gewesen wäre. Die Schlacht von Hohenfriedberg entschied den Krieg. Soor und Kesselsdorf, die ihn im Winter 1745 beendigten, schienen nur noch die Trabanten des schon gewonnenen Sieges.

Übrigens gab es in der Bataille von Soor ein Zwischenspiel, das wie eine flüchtige Randzeichnung am strengen Bilde des Krieges anmutete. Der Kaiserin ging ein Mann verloren, der zwar für den Ausgang der Schlacht ohne Bedeutung geblieben wäre, dessen bloßer Name aber einen gewissen Schrecken zu verbreiten pflegte, so zwar, daß er dem König mehr hätte schaden können, als es tatsächlich geschah. Es war der Pandurenoberst Franz Trenck.

Trenck hatte während der Schlacht das preußische Lager überfallen, plünderte, machte Beute und tat einen guten Fang, da ihm in der Zeltstadt auch die gesamte Bagage des Königs samt Kriegskasse, Tafelsilber und Windspiel Biche zugefallen war, als er plötzlich und unauffindbar vom Schauplatz dieses Husarenstreiches verschwand – wie ein Gerücht wissen wollte, weil eine seiner Geliebten der Niederkunft entgegensah, vielleicht auch nur, weil er an den Tokayerweinen des preußischen Gegners Gefallen fand. Vorher aber hatte er dem König noch den Hund Biche zurückgeschickt, mit dem kavaliersmäßigen Bemerken, daß er gegen Soldaten, nicht gegen Windhunde kombattiere.

Es wäre dies eine von vielen Episoden des Krieges gewesen und wert, vergessen zu werden, wenn sie nicht auf den einzigen Namen gelautet hätte, in dem ich mich wiederfand – mochte es auch der Name des österreichischen Vetters sein. Das Abenteurertum ging in ihm um, das Gewaltsame, das sich der Ordnung widersetzt. In das preußische Maß eingereiht, mußte es früher oder später ins Maßlose ausbrechen und zur Katastrophe führen. Ich wußte es – deutlicher mit jedem Tage, da der Krieg sich dem Ende näherte. Noch aber schien die rasende Glücksfahrt des preußischen Trenck nicht aufzuhalten.

Einmal zwischendurch, da der Leutnant von Wedel als Kurier des Königs in Potsdam erschienen war, um vom Fortgang des Krieges zu berichten, fiel wie von ungefähr der Name Trenck. Ich blieb kühl, fragte nichts, der schräge Blick der Hofdame streifte mich, aber der Kurier sprach schon weiter. Dem einstigen Kornett, der in den ersten Gefechten schon zum Offizier und Adjutanten des Königs befördert wäre, sei, im frühen Jahr bereits, der Orden Pour le mérite verliehen worden.

Ich wußte von Orden und Auszeichnungen wenig, sie kümmerten mich nicht, wie stolz die Männer auch darauf zu sein pflegen. Weil ich aber den Mann Trenck lieben mußte, wie er eben geschaffen war, so liebte ich auch seine Tapferkeit. „Der

Trenck hat ein bravoureuses Stück geleistet?" fragte ich und stellte mich gelassen.

Das Gesicht des Offiziers zeigte einen Anflug von Spott. Der Leutnant Trenck habe wohl ein bravoureuses Stück geleistet, indem er dem König die Wahrheit nicht verschwieg.

Ich verstand ihn nicht. Auch die Hofdame Agneta horchte auf.

Trenck, erklärte der Offizier, mit einer Handvoll Reiter zum Fouragieren in Schlesien ausgeschickt, habe, in Verachtung der Gefahr, keine Wachen ausgestellt, sei überfallen worden, in eine Plänkelei geraten und mit seinem Zuge nahe daran gewesen, bis zum letzten Mann aufgerieben zu werden, als unversehens preußische Hilfe dazugekommen sei, Trenck nunmehr den Spieß umgedreht und die gesamte Kroaten-Eskadron gefangengesetzt oder niedergemacht habe. Daraufhin sei ihm vom König der Orden überschickt worden. Den Leutnant Trenck aber hätte die offenbar unverdiente Auszeichnung wie Feuer gebrannt, weshalb er sich beim König gemeldet, den Hergang nach der Wahrheit berichtet und den Ordensstern habe zurückreichen wollen. Der Offizier schwieg.

„Es ist wahr", sagte ich, „das ist mutig – mutiger, als wenn er nur mit den Kroaten gekämpft hätte. Und der König?"

Des Königs Majestät habe gestutzt, darauf, was

selten in diesem Feldzug geschehen sei, kurz aufgelacht und gesagt: ‚Er hat sich zu helfen gewußt oder Hilfe gefunden. Also ist Ihm das Glück gewogen, wie es der Soldat braucht. Und da er das Ding nun einmal hat, mag Er es behalten und es sich zum andernmal verdienen.' In der Tat habe der Leutnant Trenck weiterhin wahre Wunder an Tapferkeit verrichtet.

Es blieb, da diese Sätze gesprochen waren, vom Mut und Großmut zweier Männer das furchtbare Wort „Glück" übrig. Mein Bruder Friedrich hatte es achtlos hingeworfen. Der Leutnant Friedrich Trenck in seiner Anmaßung würde es begierig aufnehmen, als wäre es fortan sein sicherer Besitz, nicht anders als der Ordensstern. Ich aber wußte, das Glück lag in des Königs Hand, die geben und nehmen konnte, wie es ihr gefiel.

Als der König sich nach Friedensschluß seiner Hauptstadt näherte, flog ihm zum erstenmal der Name voran, den nicht der siegreiche Staat, sondern die Welt außerhalb der preußischen Grenzen ihm gegeben hatte – Frédéric le Grand. Den König freute es nicht. Er nahm aus diesem Kriege die Erkenntnis mit, daß Mißtrauen die Mutter der Sicherheit ist. Der Dresdener Frieden hatte zwar die unmittelbaren Feindseligkeiten beendet, die Keime der Zwietracht aber bestehen lassen.

Schätzte er, wie man hörte, die Dinge nach ihrem wirklichen Wert ein, so mußte er zugeben, daß der zweite Krieg um Schlesien ein in mancher Hinsicht sehr unnützes Blutvergießen gewesen sei, da Preußen schließlich durch eine Kette von Siegen nichts weiter erreicht hatte als die Bestätigung des Besitzes von Schlesien und der ideelle Gewinn an Ruhm und Ansehen des Heeres nur dazu dienen würde, den Neid der Gegner zu wecken. In der politischen Entwicklung Europas, bei einem gewissen Gleichgewicht der Kräfte und Wechselfälle des Krieges, konnten auch die größten Unternehmungen nur selten noch den erwarteten Erfolg haben. Am Ende standen sich die Staaten im selben Machtverhältnis gegenüber wie vorher – und der Frieden, der das Werk der Menschenliebe hätte sein sollen, wurde durch die bloße Erschöpfung der Finanzen herbeigeführt.

Solche Gedanken machten den König kühl, wortkarg, undurchdringlich und verschlossener denn je. Berlin indessen hatte sich festlich hergerichtet, Fahnen wehten. Zwischen Schloßfreiheit und Landsberger Tor waren die Häuser mit Girlanden geschmückt, und die Bürgerschaft, ein summendes Spalier erwartungsvoll gereckter Köpfe, säumte die Straße, über die der König mit den Truppen einziehen sollte, während für Regierung und Hof, die Gesandten in ihren goldbestickten

Seidenröcken, die Damen und Kavaliere, die bei keinem gesellschaftlichen Ereignis fehlen durften, mochte es regnen, schneien oder die Sonne scheinen, rohgezimmerte, doch mit Tannenreisern eben überdeckte Tribünen aufgeschlagen waren.

Von einem Fenster des Schlosses aus betrachtete ich das freudig bewegte Bild. Auch ich hatte mich freuen wollen, ich konnte es nicht, wie immer, wenn die Erwartung zu lange bewahrt, die Erfüllung zu nahe herbeigekommen ist. Mein Kopf war benommen, ich bebte vor Frost, obwohl der Vorfrühlingstag mit einer milden, freilich noch fernen Sonne aufwartete. Es mochte sein, die Sinne, vom kriegerischen Lärm betäubt, fanden noch nicht zu jenem anderen Trenck zurück, der im Felde gestanden, gekämpft hatte, vom König ausgezeichnet und ein Mann geworden war, den ich nicht kannte. Ich suchte mich an sein Gesicht zu erinnern, die breitgestellten Augen, den schönen, herzkirschenförmigen Mund. Es wollte nicht gelingen. Ich hatte es in vielen Tagen und Nächten gesehen. Jetzt war es wie vom Nebel verweht. Ein anderes Gesicht, schmal, unerbittlich und furchtbar im Zorn, trat an seine Stelle – es war das Gesicht des Königs, der jetzt „der Große" hieß. Und eine Angst, wie ich sie kaum je vorher empfunden hatte, lähmte mich.

Die Hofdame Agneta trat hinter mich und legte mir den Pelzmantel um. Es sei an der Zeit. Schweigsam gingen wir die Treppe abwärts, dem Kabinett zu, wo schon die Schwestern Schwedt und Bayreuth, Ansbach und Braunschweig zusammen mit unserem Bruder Ferdinand warteten. Dann traten die Königinnen ein, und es fiel mir wieder die zugleich hoffnungslose und geduldige Ergebenheit im Gesicht der Schwägerin Elisabeth Christine auf, die einen Gatten empfangen sollte, der nicht ihr Gatte war. In der tiefen Verlegenheit ihres Herzens, die sie durch Haltung überwand, glich sie einer edlen Verbannten, die mit ihrem eigentlichen Leben nichts mehr zu tun hat, während die Königin-Witwe, unsere Mutter, immer noch das lebendig schlagende Herz der Familie war, der sie einen siegreichen Sohn geboren hatte.

Der Zug setzte sich in Bewegung. Als wir die Tribünen betraten, erhoben sich die dort in großer Pracht schon versammelten Damen und Kavaliere, um uns zu begrüßen. Eben begannen die Glocken zu läuten, und in den Reihen der Bürgerschaft wurde eine leidenschaftliche Bewegung spürbar. Fernher näherte sich jetzt ein vielköpfiges, vielgliederiges Wesen, dennoch nur ein einziger Körper im blauen preußischen Rock mit den roten Aufschlägen der Infanterie. Der König zog vor den Bataillonen der Garde in Berlin ein.

Schon wehte die Marschmusik mit den Vivat-Rufen der Bürger herüber, doch waren bisher nur

Umrisse und Farben zu erkennen. Ein Brausen drang auf mich ein, stärker als jenes, das, aus Stimmen und Instrumenten gemischt, die Luft erfüllte, und in der Gewalt dieser Stunde, da Preußen in die europäischen Großmächte einging, brach plötzlich die Rinde aus Eis, die mir seit Tagen die Brust abgeschnürt hatte. Ich wurde frei. Ein Stolz ohnegleichen erfüllte mich, daß ich Friedrichs Schwester war, wie er ein Glied des stählernen Leibes, der Preußen hieß. Die Angst war verschwunden. Es gab keine Angst in einer Welt, in der die Armee des Königs marschierte. Diese Welt war weit. Sie bot Raum genug, nicht nur für Frieden und Krieg. Es mußte in ihr auch Platz für die Liebe sein, und, da ich es dachte, riß mich schon eine glückhafte Welle fort. Mit dem König und der Armee zog auch der Leutnant Friedrich Trenck in Berlin ein.

Dann sah ich des Königs Gesicht. Es war gealtert und wie versteint, so als habe er das Haupt der Meduse erblickt. Das war das Antlitz des Krieges selbst, und von dem convive divin Voltaires schien kaum eine Spur zurückgeblieben. Auch war es eher ein leidender als ein zürnender König, der dort auf dem dunklen Schimmel in Berlin Einzug hielt, und meine Bewunderung wurde zu einem furchtlos liebenden Mitgefühl.

Der König, im blauen Infanterierock ohne Abzeichen, den einzigen, in vielen Feldlagern verrosteten Stern des Schwarzen Adlers an der Brust, zog immer wieder grüßend den Hut. Es geschah mit der Anmut, die seines Wesens Art war, doch ohne Freudigkeit. Der Triumph berauschte ihn nicht, der Sieg fand ihn klar, nüchtern, wachsam und voller Mißtrauen dem wiederbeginnenden Kriege zugekehrt, der einmal kommen würde, in Monaten oder Jahren, weil es ihm bestimmt war zu kämpfen, wo andere der Lust des Daseins nachgehen, weil er das Erbe verteidigen mußte, und koste es den letzten Mann, der er selber war, Friedrich von Preußen, seines Staates König und Diener.

Er hatte jetzt den Schloßplatz erreicht und schwenkte ab. Hinter ihm die Generalität, die Adjutanten und Kuriere folgten. In diesem Augenblick war ich nahe daran, aufzuschreien. Ich hatte in der roten Uniform am Ende der Suite den Leutnant Friedrich von der Trenck entdeckt.

Den Tribünen gegenüber ließ der König die Truppen vorbeidefilieren. Es marschierten Grenadiere und Musketiere, die beißenden Grasteufel der Armee, in endlosem Zug. Artillerie schloß sich an, Kartätschen und Haubitzen rumpelten vorüber. Als letzte folgte die Reiterei. An ihrer Spitze ritt das Dragonerregiment Ansbach-Bayreuth.

Da es sich dem König näherte, löste sich der Feldmarschall Geßler aus der Suite und führte das

Regiment dem König vor. Ein Wald von wehendem, besticktem Tuch flatterte auf. Das waren die sechsundsechzig Standarten und Fahnen der Kaiserin, die sich die Bayreuth-Dragoner bei Hohenfriedberg geholt hatten, als sie attackierend den Prinzen von Lothringen überrannten. Der König zog den Hut. Unbedeckten Hauptes ließ er Reiter und Fahnen passieren. Mit klapperndem Hufschlag folgte Regiment auf Regiment. Kolletts in vielen Farben tauchten auf, rote, blaue und die strohgelben der Kürassiere. Husaren mit phantasievoll umgehängtem Dolman, den bunten Kolpak der Pelzmütze über dem Ohr, machten den Beschluß.

Das Defilée war zu Ende. Der König mit dem Gefolge der Generäle und Adjutanten ritt langsam dem Schloß zu und stieg dort vom Pferd. In wenigen Stunden begann der Empfang. Aber ich wollte nicht mehr warten. Trenck war im Schloß. Ich mußte ihn wiedersehen.

Nun war aber das Berliner Schloß nicht übersichtlich wie das Stadtschloß in Potsdam. Außerdem war es bis zu einem solchen Grade von den Verwandten und Ehrengästen, den Marschällen, Prinzen und Herren der Suite in Beschlag genommen, daß die Hofdame Agneta Kannstein Mühe haben würde, zu erfragen, in welchem Flügelgeschoß der Leutnant von der Garde du Corps Trenck untergekommen sei.

Indessen stand ich in einem der drei Zimmer, die ich hier zu bewohnen pflegte, und wartete. Ich wartete wie eine Braut, so sehr ich es vor mir selbst zu leugnen versuchte. Es war ein neues Gefühl in mich eingegangen, seit ich beim Defilée des Heeres begriffen hatte, daß es neben dem sichtbaren ein unsichtbares Preußen gab, dessen die Armee ein ewiger Bestandteil war. Zu ihr gehörte auch der Leutnant Trenck, mochte er im wirklichen Leben wie immer beschaffen sein. Allen diesen, die heute marschiert und geritten waren, hatte der Krieg sein Siegel aufgedrückt, sie würden es nicht mehr abstreifen, sie waren geweiht.

Ich hörte Schritte auf dem Flur und war nicht erregt, nur glücklich. Eine Frömmigkeit, wie ich sie als Kind in der Kirche empfunden hatte, machte mich still. Aber die Hofdame kam allein. Sie hätte den Leutnant nicht finden können, meinte sie bedrückt. Es habe ihr auch niemand zu sagen vermocht, wo er zu suchen sei und ob er überhaupt im Schloß Quartier gefunden hätte.

„Er wird kommen", sagte ich und nahm das Tuch von weißem Kaschmir wieder um, da ich erst jetzt bemerkte, daß ich immer noch fror.

Vielleicht habe er Dienst bei des Königs Majestät, meinte Agneta.

Ich nickte. Es konnte sein, daß er Dienst hatte. Aber ich wartete. Und weil ich eine Frau bin, glaubte ich, es könne keinen Dienst geben, den man nicht um einige wenige Minuten für eine Frau unterbrach, die man zu lieben meinte. Auch wußte der Leutnant wohl, wo meine Zimmer lagen.

Es klopfte. Die Kammerfrau Höppner trat ein, ihr freundliches Pergamentgesicht mit den samtenen Augen war mir emsig und ergeben zugewandt, und ich mußte an den Hund Ax denken, in dessen Blicken ich das gleiche gläubige Vertrauen bemerkt hatte. Die Hoheiten von Schwedt und Bayreuth, sagte sie, ließen anfragen, ob ich mit ihnen die Schokolade trinken wollte. Sie seien mit ihren Damen im grünen Kabinett.

Ich ließe danken und ich würde gleich kommen, antwortete ich. Die Kammerfrau verschwand. Ich stand noch immer am Fenster. Der Lustgarten war jetzt von Truppen leer. Nur Spaziergänger bewegten sich dort, die in begeisterter Erwartung zum Schloß hinüberstarrten, bereit, dem König ihre Huldigung darzubringen, falls er sich zeigen würde. Die vom Krieg gesiegelten und geweihten Schwadronen schienen wie vom Erdboden verschwunden, und die Welt war plötzlich leer. „Komm, Agneta", sagte ich „wir wollen artig sein und mit den Schwestern die Schokolade trinken."

Die Hofdame, was nicht häufig geschah, denn sie war spröden und scheuen Wesens, strich mir schnell mit der Hand über das Haar. Dann, als wäre nichts gewesen, folgte sie mir zum grünen Kabinett.

Es mochte sein, daß ich unaufmerksam und mit meinen Gedanken beschäftigt war, ich irrte mich in der Tür und geriet in einen der Säle, wo die sogenannte Marschallstafel abgehalten zu werden pflegt. Es ist dies ein großes Wort für einen kleineren Sinn, weil gemeinhin die Marschälle an solcher Tafel gar nicht teilnehmen, sondern nur die Adjutanten und Hofdamen, die Kammerjunker und Pagen, also jener begleitende und dienende Hofstaat, den die Fürsten ehemals und bisweilen auch heute noch als eine gehobene Art von „Livree" betrachten.

In diesem Marschallszimmer saßen Offiziere um einen Tisch, sie schienen scharf zu trinken, rauchten Pfeife und schwadronierten laut. Offenbar erzählten sie sich Geschichten von Frauen. Es hing ein Nebel von Pfeifenqualm im Raum, in ihm erkannte ich eine rote Uniform. Es war der Leutnant Friedrich Trenck. Er hatte mich nicht gesehen.

Ich zog die Tür wieder zu und begegnete den Augen der Hofdame, die mich erschreckt anstarrten. Ich erinnere mich, daß ich gelächelt habe – so wie man lächelt, wenn einem eine schöne Porzellanfigur zerschlagen wird, aber man liebt die Scherben noch – und weiterging, als gehöre auch dieses dazu. Und wenn eine kunstvolle Hand die Figur wieder zusammengeleimt hat, so liebt man sie nur mehr als zu jener Zeit, da sie ohne Fehl gewesen ist, denn sie blieb uns erhalten.

Wir tranken mit den Schwestern Schokolade, ich war heiter und gesprächig, es wurde ein wenig musiziert, und als ich vor dem Fortepiano saß, kam mir ein neues mächtiges Thema in den Sinn, das dem Einzug der vom Kriege geweihten Reiter galt. Aber ich spielte ein Menuett. Die Stunden gingen hin, dann, als der abendliche Empfang sich näherte und wir uns verabschieden wollten, stand die Hofdame Agneta Kannstein schnell auf, sie müsse mit der Kammerfrau die Kleider bereitlegen, unter denen ich wählen sollte.

„Laß es doch, Agneta, es hat Zeit", sagte ich, aber sie war schon gegangen. Es schien nun so, als könne ich mich von der Gesellschaft der Schwestern nicht trennen, aber diese drängten jetzt selber zum Aufbruch, und wir küßten uns für die kurze Frist, bis wir uns im Weißen Saal wiedersehen würden.

Im ersten der drei Zimmer, die ich bewohnte, stand, da ich eintrat, ein Mann in seiner roten Uniform und blickte mir entgegen.

„Ach", sagte ich und sah an ihm hinauf, denn er ist beinahe um Haupteslänge größer als ich, „da sind Sie, Leutnant von der Trenck, da sind Sie wirklich. Und wahrscheinlich riechen Sie nach Tabaksrauch und Wein." Ich war ganz ruhig, so als sei auch dieses die selbstverständlichste Sache vor der Welt, daß er hier in meinem Zimmer stand und auf mich wartete.

Der Offizier stürzte jetzt auf mich zu, nahm meine Hände und küßte sie, eine nach der andern.

Ich ließ es geschehen und sagte über seinen gebeugten Kopf hin: „Man hat Sie holen müssen, wie es scheint. Ehemals fanden Sie den Weg von selbst."

Er hatte sich aufgerichtet. Der Ausdruck meines Gesichtes schien ihn zu verwirren. Er stammelte etwas wie eine Entschuldigung, während seine breitgestellten Augen an mir hingen.

Ich hörte nicht auf seine Worte, doch die Stimme hörte ich, sie war wieder da, wenn sie auch ein wenig anders klang als früher, gepreßter und rauh. Auch sein Gesicht hatte sich verändert. Es war wie von innen her gekerbt, die Schläfen und Wangenknochen traten schärfer hervor, es saß etwas Jagendes oder Gejagtes in seinen Augen, die glühten, das mochte vom Trinken kommen, und der Pfeifenrauch hing noch in seinen Haaren und seiner Uniform.

„Ja", sagte ich und scheute mich wahrhaftig nicht, ihm die Hände um die Schultern zu legen. „Das sind Sie nun, Friedrich Trenck, Friedrich –" ich hatte ihn noch nie auf solche Art genannt – „Sie tragen einen großen Namen. Verdienen Sie ihn eigentlich?"

Es verging eine Zeit, sie war ausgefüllt von einer schwebenden Helligkeit, sie ruhte so tief in sich, daß noch die Leidenschaft schwieg. Dann nahm ich meine Arme zurück und wiederholte, indes ich ihn ungläubig ansah, als sähe ich ihn zum erstenmal: „Verdienen Sie ihn?"

Das Flackern in seinen Zügen hatte sich gelegt. Es brach jetzt wieder etwas vom Knaben durch, so männlich sein Gesicht sich in den Jahren des Krieges geformt hatte. „Ich verdiene ihn nicht, Prinzessin Amélie. Ich trinke mit Männern, und eine Dame wartet auf mich. Es scheint, ich bin ein rechter Landsknecht geworden."

Ich tippte auf die blaue Emaille des Sternes, den er am Halse trug. „Vielleicht verdienen Sie ihn doch – als Soldat."

Er wollte abwehren, aber ich sagte ihm, ich kenne die Geschichte dieses Ordens schon. „Glauben Sie mir, der König, mein Bruder, weiß, was er tut." Und ich setzte hinzu: „*Frédéric le Grand.*"

Als ich dieses Wort ausgesprochen hatte, war die Furcht wieder da, die Sicherheit des Gefühls brach in sich zusammen. Nähme ich Flügel der Morgenröte, dachte ich, und flöge, wie es im Psalm heißt, ans äußerste Meer, ich bliebe Friedrichs Schwester und gehörte mir niemals selbst.

In der plötzlichen Niedergeschlagenheit, da die Vernunft wie immer das Gefühl abzulösen begann, suchte ich bei Trenck Rat. Er wollte mich trösten, indem er sein Glück ins Feld führte.

Ich erschrak nur stärker und schüttelte den Kopf. „Kommen Sie mir nur nicht mit dem Glück. Auf das Glück ist gar kein Verlaß, eher schon auf das Unglück, wenigstens ist es beständig."

Trenck, wie in alter Zeit, lachte leise und leichtsinnig auf. Wo ich diese schlimmen Erfahrungen gesammelt hätte, wollte er wissen. Einen Augenblick steckte mich seine Lustigkeit an, und ich antwortete im gleichen Ton, daß es an Erfahrungen solcher Art nicht fehlen könne, wenn man sich schon einen Trenck zum Freunde erwählt habe, der ein Trinker und Schlimmeres sei.

Die Uhr auf dem Kamin schlug. Ich sah auf. Er müsse jetzt gehen. „Seien Sie vorsichtig", sagte ich noch, „oder seien Sie nicht unvorsichtiger, als es nötig ist. Denn über kurz oder lang –" ich schwieg und sprach den Satz nicht zu Ende.

Die Heiterkeit im Gesicht des Offiziers war verflogen. Mit einer Leidenschaft, die wie eine Flamme die hochmütige, glatte, vielleicht sogar verlogene Schale dieses Menschen durchschlug, kniete er vor mir nieder, die Arme um meine Hüften, den Kopf in meinen Schoß. „Es wird uns niemand trennen, Amélie, auch der König nicht."

„Schweigen Sie doch", sagte ich, der Sturm griff auf mich über, doch blieb mein Kopf klar. „Stehen

Sie auf. Man soll das Schicksal nicht anrufen, es hat gute Ohren und kommt früh genug." Der Leutnant hatte sich erhoben. "Und wenn Sie wieder zu Amalia von Preußen kommen, trinken Sie vorher keinen Wein. Auf Wiedersehen im Weißen Saal, Leutnant von der Trenck."

Es begann eine seltsam vernunftlose, doppelbodige Zeit, in der es mir erging, wie es den Männern im Gefecht gehen soll. Von Gefahr umgeben, hatte ich die Furcht verloren. Im Gegenteil lockte es mich jetzt, die Gefahr herauszufordern, ja mit ihr zu spielen, und so sehr ich alle Heimlichkeit von Natur verabscheut hatte, schien sich diese gleiche Natur in ihr Gegenteil verkehrt zu haben. Manchmal war es mir sogar, als hätte mein Gefühl seine ursprüngliche Reinheit eingebüßt. Etwas, das der Franzose "nostalgie de boue" nennt und für das ich keine deutsche Formel finde, hatte sich in die Unberührbarkeit meiner Liebe eingeschlichen.

Wir trafen uns, Trenck und ich, in diesen nächsten Wochen häufig, bei mir oder wenn ich ausritt, bei den Festen des Hofes oder im kleineren Gesellschaftskreis, wobei ich es unauffällig einzurichten wußte, daß auch der Leutnant von der Trenck geladen wurde. Bis ich ihm begegnet war, ging ich schlafwandlerisch durch den Tag, nicht froh, nicht traurig, besessen von dem einzigen Gedanken des

Wiedersehens. Saß ich dann dem Offizier zwischen gleichgültigen Damen und Kavalieren nur wie eine Fremde gegenüber, war ich bis zur Glückseligkeit still.

Dabei kam ich ihm eigentlich niemals näher als an jenem fernen ersten Abend im Weißen Saal. Ich wußte nichts von ihm. Es genügte mir, daß er da war und meine Hand faßte, daß seine breitgestellten Augen mich ansahen und ich seine Gegenwart spürte. Ich wußte auch nicht genau, ob ich ihn eigentlich liebte oder ob überhaupt Liebe war, was ich für ihn empfand. Ich habe vorher und nachher keine andere Liebe kennengelernt und zerbrach mir darüber nicht den Kopf.

Wenn wir uns unterhielten, geschah es zwischen Ernst und Scherz, ohne jene Hintergründigkeit oder Bedeutung, wie sie etwa die Gespräche des malenden Kammerjunkers Diest aufwiesen. Unlängst hatte Trenck mir erzählt, daß der Rappe aus arabischer Zucht, den ich ihm vor dem Kriege geschenkt hatte, im Gefecht von Katholisch-Hennersdorf erschossen worden sei. Ich schenkte ihm einen neuen, ich schenkte ihm mein Bild, in Miniatur auf Elfenbein gemalt in einem Kranz von Brillanten, ich schenkte ihm kostbare Dosen, in denen ich Dukaten verbarg. Er dankte mir und nahm, was ich gab. Überhaupt sprach er viel von Geld, Gütern und Erbschaften, die er im Österreichischen zu erwarten hätte. Solche Gespräche waren mir fremd, sie gefielen mir nicht. Es gefiel mir manches nicht, wie er sprach, handelte, dachte und sich gab. Aber dieses alles mußte wohl zu ihm gehören, und es kümmerte mich nicht.

Abends, in den Stunden der Besinnung, wenn ich lange nicht einschlafen konnte, kam oftmals eine unbegreifliche Schwermut über mich, die bald der Verwunderung, sogar einer gewissen Neugier Platz machte, was es mit diesem seltsamen Ding von Leben auf sich hätte, in dessen Wirbelströmung wir geraten, ob wir uns sträuben oder nicht. Aber am Morgen war es vergessen. Ich überlegte nicht, wie ich es früher getan hatte, ich jagte dem Tag entgegen, in einem zugleich beflügelten und blinden Gefühl.

Übrigens streifte seit einiger Zeit die Dame Distelrode durch das Schloß. Sie tat Ehrendienst bei der Herzogin von Holstein-Gottorp, derzeitigen Äbtissin von Quedlinburg, die mein Bruder, der König, verehrte und die er zu den Empfangsfeierlichkeiten nach Berlin geladen hatte. Einmal, da die Hofdame den Leutnant Trenck aus meinen Zimmern zurückbegleitete, habe die Distelrode, so erzählte Agneta später, wie ein Wachtposten am Geländer der Treppe gestanden, schiene aber weder sie noch den Offizier bemerkt zu haben.

Wie häufig jetzt hörte ich nur mit halbem Ohr zu.

Es war in mir eine große Gleichgültigkeit gegen alles, was nicht den Mann Friedrich Trenck betraf. Sogar den König, die Schwestern und Brüder hatte ich bei Wahrung höfischer und höflicher Formen gemieden.

Dann, eines Tages, brach es herein. Der Leutnant im Regiment Garde du Corps Friedrich Freiherr von der Trenck war verschwunden.

Ich schickte Agneta aus, ich schickte den Kammerjunker von Diest aus, ich steckte mich hinter den Oberzeremonienmeister, ich setzte Himmel und Hölle in Bewegung – aber es war nichts weiter zu erfahren, als daß der Leutnant Trenck zu Spandau im Arrest saß.

Als ich es hörte, verfärbte ich mich. Die Faust des Riesen hatte ihn gefaßt, und ich trug die Schuld. Ich geriet außer mir, weinte, tobte – wobei sich mein Zorn seltsamerweise in keinem Augenblick gegen den König richtete, eher gegen mich selbst –, fühlte mich krank und legte mich zu Bett, um nichts mehr von einer Welt zu sehen, die den Leutnant Friedrich Trenck in Arrest schickte.

Aber die Faust des Riesen hatte zunächst noch beinahe spielerisch zugegriffen. Nach drei Tagen erschien der Leutnant wieder auf dem Plan und fand sogleich seinen Weg zu mir. Er war guter Dinge, hochmütig wie immer, mit einer knabenhaften Frechheit der überstandenen geringen Leiden, sogar des Königs spottend, der ihn habe verhaften lassen, ohne den Grund anzugeben oder angeben zu können, weshalb es geschehen sei.

Ich hielt Trencks Arm gepreßt, und zwischen Lachen und Weinen beschwor ich ihn, die Gefahr nicht zu unterschätzen, die in einem ersten Wetterleuchten als vernichtendes Gewitter heraufzog. Ich kannte meinen Bruder, den König, Trenck ahnte ihn nicht einmal. Unbekümmerter denn je, die breitgestellten Augen auf mich gerichtet – und ich gab ihnen wie immer nach –, meinte er wegwerfend, das Glück, mich sehen und sprechen zu dürfen, wiege drei Tage Spandau auf.

Aber das grandiose Katz- und Mausspiel hatte erst begonnen. Tags darauf verschwand der Leutnant abermals, um jetzt erst am siebenten Tage zu mir zurückzukehren.

Das war keine leichte Pön mehr, kein Fächerschlag einer scherzenden Hand, die Liebesbezeigungen eines Knaben mit Anmut in ihre Grenzen zurückzuweisen. Das war ein Strafgericht, das sich spielerisch warnend, doch unaufhaltsam ankündigte, so zwar, wie es nur ein König verhängen konnte, der – während er schon das Gesetz walten ließ – die Verletzbarkeit der menschlichen Natur noch mit der Nachsicht eines Gottes bedachte. Die warnenden Signale galten nicht dem Leutnant im

Regiment Garde du Corps – sie galten der Schwester Anna Amalia. Ich hörte sie wohl, ich erkannte ihre gefährliche Drohung, doch ließ ich in einer unerklärlichen Ohnmacht die Dinge treiben.

Trenck, da er diesmal zurückkehrte, war betroffen, ohne in seinem leichtsinnigen Hochmut auch nur daran zu denken, die Folgerungen aus den Arreststrafen zu ziehen.

„Wir müssen uns trennen", sagte ich. „Es ist der Wille des Königs."

Trenck trat dicht vor mich hin, es machte mich schwach. „Ist es auch Ihr Wille, Amélie?"

Ich schüttelte den Kopf. Doch wie unlängst beschwor ich den Offizier, die Warnungen nicht zu überhören. Der König, das sei ausgemacht, ließe uns überwachen. Jede Begegnung werde ihm hinterbracht.

Auch des Königs Majestät, antwortete Trenck eigensinnig, könne einen im Kriege verdienten Offizier nicht ohne einen Titel des Rechts für alle Ewigkeiten gefänglich setzen.

„Aber das Recht ist bei ihm. Es ist das Recht der Herrschenden."

So nähme er, Trenck, das Recht der Dienenden für sich in Anspruch. Und ob er gleich als Offizier und Untertan in Eid und Pflicht stehe, das Recht zur Liebe könne ihm kein König bestreiten.

„Zur Liebe nicht", sagte ich hoffnungslos, „doch das Recht, mich zu lieben."

„Ich nehme es mir", antwortete Trenck, denn der Trotz in diesem Mann war stärker als noch das stärkste Gefühl, das er jemals für mich empfunden hatte.

Nach dieser Zusammenkunft wurde Trenck zum drittenmal verhaftet und nach Spandau gebracht. Wieder verdoppelte der König, als scherze die richterliche Gewalt nur, das Maß der Strafe. Aber da der Offizier am dreizehnten Tage frei wurde, schloß ich mich ab. Ich ließ mich weder sehen noch sprechen, ich mied die Gesellschaften, auf denen ich den Leutnant Trenck hätte treffen können, und wenn auch mein Leben in dieser selbstgewählten Einsamkeit seinen Sinn verloren zu haben schien, so ging es doch seinen obenhin beruhigten Gang. Auch der Offizier, wie mir berichtet wurde, tat wieder den gewohnten Dienst, und, weit entfernt, in Ungnade gefallen zu sein, verblieb er weiterhin im Gefolge des Königs, der seinem Adjutanten nicht anders begegnete als zuvor.

Es waren schon Wochen vergangen, und über die Affäre Trenck, die man genugsam bei Hofe betuschelt hatte, schien Gras gewachsen, als ich den Offizier zufällig im Treppenhaus des Schlosses traf. Für ein paar Schläge setzte mein Herz aus, ich wollte umdrehen, flüchten, aber Trenck trat mir schon in den Weg, ich stand wie angewachsen und sah in seinem Gesicht eine so leidenschaftliche

Traurigkeit, daß alle Vorsätze der Vernunft wie weggeblasen waren. Dabei hörte ich seine Stimme: „Lieber will ich nach Spandau zurück, als Ihnen nicht mehr begegnen zu dürfen."

Ich blickte mich rasch um, der Treppenflur lag verlassen, es war ringsum niemand zu bemerken. „Kommen Sie", sagte ich, „wir sind Wahnsinnige, aber es ist schon gleich."

Trencks Wunsch wurde bereits am gleichen Abend erfüllt. Er wanderte für vierundzwanzig Tage nach Spandau in Haft. Eine dumpfe Verzweiflung machte mich krank. Die Faust des Riesen war über uns, wir konnten uns nicht mehr wehren. Trotzdem, und so unbegreiflich es klingen mag, mußte ich den König bewundern. Es war eine großartige und verachtungsvolle Gelassenheit, wie er sich Zeit nahm und dem Offizier und mir Zeit ließ. Aber die Hand blieb ausgestreckt, bereit zuzuschlagen, wenn die Stunde gekommen war.

Jetzt im Gegenteil schien sie eher zu begnaden als zu strafen. Am fünfundzwanzigsten Tage, da der Leutnant Trenck wieder freikam, wurde er unverzüglich in geheimer Mission, die sowohl militärischer wie diplomatischer Art war, nach Wien gesandt, und es verlautete, daß diese Entsendung ein besonderer Vertrauensbeweis des Königs sei, den er bisher nur Offizieren im Range von Obristen oder Generalen bezeigt habe. Allerdings seien die

Verhandlungen schwierig, es könnten Wochen, sogar Monate darüber hingehen. Der König aber habe gerade den von der Trenck ausgewählt, weil dessen österreichische Beziehungen die besten seien.

Nun ist das Menschenherz nicht mit der Elle zu messen oder mit dem Lot abzuwägen. Ich atmete auf. Zwischen Leidenschaft und Furcht, Hoffnungslosigkeit und Verlangen hin und her gerissen, mußte ich jetzt endlich etwas wie eine Pause verdient haben. Der Leutnant Trenck war in Sicherheit, dazu auf einer ehrenvollen Unternehmung begriffen. Ich konnte an ihn denken, ohne den immerwährenden Stürmen des Blutes oder den Bedrohungen der Arrestzelle ausgesetzt zu sein – und alles in allem war ich wieder einmal Amalia von Preußen, genannt Amélie, nicht mehr nur ein Stück des Mannes Friedrich Trenck, mochte ich ihm auch ein Leben lang verschrieben und verfallen bleiben.

Eine glückliche und heitere Zeit begann, die letzte, deren ich mich entsinne. Es ging mir wie einer Kranken, die ihre Kräfte zurückkehren fühlt und sich an Licht und Luft, der sprießenden Natur und jedem lebenden Wesen bis zur Benommenheit freuen kann. Wie einer Genesenden begegnete man mir auch, und ich wiederum näherte mich den Menschen, mit dem kindlichen Wunsch, ihnen angenehm zu erscheinen.

Ich ließ mich beim König melden, der mich brüderlich empfing, ohne die böse Sache zu erwähnen, ich besuchte die Schwestern, die ihren Aufenthalt in Berlin über die Einzugsfeierlichkeiten hinaus verlängert hatten, ich ritt mit den Brüdern in die Charlottenburger Wälder, und Ax, der Hund, um den ich mich jetzt wenig bekümmert hatte, jagte in wilden Sprüngen voraus, seinen Glücksüberschwang gewaltig und löwenhaft in die Lüfte blaffend, um wieder umzukehren und mit seinen bernsteinfarbenen Augen zu mir aufzusehen, als habe er mich schon lange vermißt. Ich sprach mit Agneta und dem Kammerjunker Diest, ich ließ mir seine Bilder zeigen und mich von ihm über die Hintergründe der Kunst unterhalten. Aber von der Liebe sprachen wir nicht mehr, und vom Leutnant in der roten Uniform fiel kein Wort. Nachts schlief ich traumlos und tief und wachte am Morgen auf, froh, den neuen Tag neu zu beginnen.

Dieser Zustand der Geborgenheit dauerte genau sieben Wochen und vier Tage. Dann war der Leutnant Friedrich Trenck wieder in Berlin. Ehe er beim König um Audienz nachsuchte, war er bei mir. Er ließ sich durch die Hofdame ansagen, die lange kämpfte, ob sie ihn mir melden sollte, es gegen Vernunft und Gewissen tat und dadurch mich in die gleichen schrecklichen Kämpfe verwickelte, die nun von neuem beginnen würden, Tag um Tag, und von einer Haft zur anderen. Schließlich ließ ihn Agneta mit meiner Erlaubnis ein. Übrigens war es das letztemal, daß ich den Leutnant im roten Uniformrock sah, aber das wußte ich damals nicht, sonst hätte ich mich weniger heftig gesträubt.

Er stand, wie so oft, in der Tür, ich sah ihm entgegen, es wiederholte sich, was vielfach geschehen war, wenn er mich in Potsdam oder Berlin aufgesucht hatte – nur eines schien mir neu. Er war schöner als je, und zwar von einer harten männlichen Schönheit, das Bild eines Reiters, aus Kraft gemacht. Es ging eine solche Siegessicherheit von ihm aus, daß eine Heilige oder Nonne bei seinem Anblick ihre Gelübde vergessen haben würde. Ich war aber weder das eine noch das andere – und das Vergessen fiel mir weniger schwer, als ich es mir eigentlich vorgenommen hatte.

Dabei merkte ich schon, er war im Grunde nur von sich selber erfüllt. Er hatte seinen Auftrag mit Geschick und Erfolg in einer kaum zu erwartenden Schnelligkeit durchgeführt und brannte darauf, dem König über die Unternehmung zu rapportieren. Wie er so stand und sein Lob verkündete, schien er mir die fleischgewordene Hybris der Griechen, der Hochmut vor dem Fall. Doch hatte ich es schon verlernt, mich zu fürchten.

Bist du nur eine schöne Larve, Friedrich Trenck? dachte ich, während ich ihn ansah und auf den Klang seiner Stimme horchte. Warum liebe ich dich dann? Oder ist in dir etwas, das man bewundern muß, und wäre es nichts anderes, als die körpergewordene Kraft?

Der Offizier spürte meine Unaufmerksamkeit und unterbrach sich. Sein leidenschaftliches Gesicht war jetzt gesammelt, und mit der Ergebenheit, die ich aus früheren Tagen kannte, sagte er: „Des Königs Majestät wird zufrieden sein und mir verzeihen. Ich wünschte es um Ihretwillen. Was immer aber geschehen wird, nehme ich Ihr Bild mit, so, wie ich Sie heute gesehen habe –" und während er meine Hand ergriff, setzte er ein Wort hinzu, das mir ohne Sinn und willkürlich gewählt schien: „– unvergänglich."

Damit ging er, federnden Schrittes, um dem König Bericht zu erstatten. Ich sah den Mann in der roten Uniform durch die Tür gehen, die Gladiatorenschultern und die schmalen Hüften des Reiters. Dann war ich allein.

Es mochten einige Stunden vergangen sein, als sich im Schloß das Gerücht verbreitete, Trenck wäre abermals verhaftet worden. Da aber Genaueres nicht zu erfahren war, bat ich die Hofdame, den Adjutanten von Bülow aufzusuchen, der, wie ich wußte, heute Dienst gehabt habe und deshalb vielleicht unterrichtet sei. Es verging wieder eine Zeit qualvollen und entnervenden Wartens, dann kehrte die Hofdame mit dem Adjutanten zurück. Er erzählte, es sei dies die seltsamste und in ihrer Kürze grausamste Audienz gewesen, deren er sich erinnern könne.

Der Leutnant Trenck sei eingetreten, habe Meldung erstattet und darauf mit guter Zuversicht seinen Bericht von der Wiener Unternehmung beginnen wollen. Der König aber habe ihn gar nicht erst zu Wort kommen lassen, sondern mit ruhiger, heller Stimme, doch undurchdringlichen Gesichtes gefragt· „Wo war Er vor Seiner Abreise?" Der von der Trenck habe pflichtschuldig geantwortet: „Euer Majestät, ich saß seit vierundzwanzig Tagen in Arrest." Darauf der König: „Gut, gehe Er nur wieder hin, wo Er herkam." Alsdann habe sich der König zum Schreibtisch umgedreht und weitergearbeitet, der Leutnant Trenck Reverenz gemacht, das Schreibkabinett verlassen und sich der Wache als Arrestant übergeben. Eben jetzt werde er wohl in Spandau wieder angelangt sein.

In dem Schweigen, das den Worten des Adjutanten folgte, fragte ich, welche Frist der König für die Strafe angeordnet habe.

Es sei keine Frist genannt worden.

Ich fühlte meine Haut bis unter die Haarwurzeln kalt werden, blieb gefaßt, dankte dem Offizier, und der Adjutant ging. Als ich mit der Hofdame allein war, sagte ich: „Jetzt, Agneta, sieht er die Freiheit nicht wieder."

ABGESANG

Dunkle Gerüchte gingen um. Der Leutnant der Garde du Corps Trenck, den der König als den Matador seiner Jugend bezeichnet hatte und den die Schwester des Königs liebte, wurde bezichtigt, bei der Wiener Unternehmung Pläne preußischer Festungen an die Agenten der Kaiserin verkauft und sich des Landesverrats schuldig gemacht zu haben. Die Bestätigung dieses Gerüchtes blieb aus und ist auch späterhin nicht erbracht worden. Hingegen erwies es sich als wahr, daß Trencks gelinde Spandauer Haft auf Befehl des Königs aufgehoben und der Arrestant in die strengere Festung Glatz deportiert worden sei, wo er auf unbestimmte, vielleicht sogar, wie manche wissen wollten, lebenslängliche Zeit gefangengehalten werden solle.

Die Faust des Riesen hatte zugeschlagen, der Mann Friedrich Trenck war ausgelöscht und mit ihm, was an Anna Amalia jung, liebenswert und voller Sehnsucht gewesen war. Ich zog mich zurück, weinte oft, meine Augen entzündeten sich, ich fiel in ein heftiges Fieber und kränkelte lange. Aber ich war Friedrichs Schwester und gab nicht nach.

Es war nun auch nicht so wie unlängst, als der Leutnant Trenck auf seiner Wiener Reise fern gewesen und ich in Frieden und Geborgenheit an ihn denken konnte. Die Trennung jetzt war wie der Tod. Es blieb davon eine grauenhafte Erstarrung zurück, als wäre der Sargdeckel über einem Manne zugefallen, der lebendig begraben worden war.

Ich hatte überlegt, ob ich einen Kniefall vor dem König tun und ihn um Gnade für den Offizier bitten sollte. Aber ich wollte die Gnade nicht, weil ich tief in mir das Gesetz anerkannte, nach dem Friedrich gehandelt hatte, mochte es streng, grausam und sogar tödlich sein. Er hatte sich für die Vernichtung entschieden. Ich nahm die Entscheidung an. Sie war besser als ein halbgelebtes Leben zwischen Korridoren und Treppenfluren, Heimlichkeit der Boudoirs und einer die Liebe entwürdigenden Arrestzelle. Indem ich mich aber dem Spruch des Rechtes stellte, den eine größere Ordnung über mich verhängt hatte, brach etwas in mir zusammen, so zwar, daß ich meinte, die Scherben klirren zu hören, und ein Neues, Fremdes stieg herauf, vor dem ich mich entsetzte und das doch fortan mein Teil bleiben sollte. Ich wurde hart. Das Unglück beugte mich nicht. Es gab mir Kräfte ein, die ich nicht gekannt hatte. Und in einer merkwürdig feindlichen Verbundenheit begriff ich wie nie vorher meinen Bruder, den König, dessen letzte Gewalt erst am Rande des Abgrundes frei wurde.

In den nächsten Wochen und Monaten ging eine Verwandlung mit mir vor, wie sie selten wohl an einem dreiundzwanzigjährigen Mädchen vollzogen worden ist. Bisher war ich nachgiebig gewesen, weich, zärtlich und vertrauensvoll noch in einer Liebe, die eher von der Grenzenlosigkeit des Gefühls als gerade vom Vertrauen beherrscht wurde. Ich hatte es gelernt, vernünftig zu denken, doch hielt ich von meinem Kopf wenig, vom Herzen viel. Das Herz hatte seine Rolle ausgespielt, so begann ich, mich auf meinen Kopf zu verlassen.

Zweierlei war zu tun. Der Leutnant Friedrich Trenck mußte befreit werden. Wenn es gelang, mußte er mit der äußeren auch die innere Freiheit zurückerhalten. Die Riegel der stärksten Festungen ließen sich mit Gold sprengen. Folglich würde ich dem Leutnant Dukaten schicken. Die innere Freiheit – so jedenfalls meinte ich zu jener Zeit – konnte nur ich selbst ihm wiedergeben. Also schrieb ich ihm einen Abschiedsbrief. Als es geschehen war, mußte ich einen Boten finden, der Geld und Brief in die Festung Glatz einzuschmuggeln imstande war. Es schien nicht leicht, zumal solche Listen und Ränke unter den Augen des Königs, jedenfalls unter den Augen seiner Gewährsmänner gesponnen werden mußten. Doch entdeckte ich in mir eine Zähigkeit, meinen Willen durchzusetzen, die ich bewundert haben könnte, wenn ich sie nicht verabscheut hätte. Schließlich gelang es. Der Bote ging ab und kehrte zurück, nachdem er seinen Auftrag erfüllt hatte. Es war sein Schaden nicht. Überhaupt begann ich damals zu merken, welcher Wirkungen das Geld fähig sein kann. Und meine Verachtung wuchs.

Als getan war, was getan werden mußte, kehrte ich in mein alltägliches Leben zurück. Jetzt aber nahm mich die Gesellschaft des Hofes nicht mehr wie eine wiedergenesende Kranke auf. Und wenn sie es auch an der schuldigen Achtung nicht fehlen ließ, so fühlte ich doch, daß sie sich unmerklich von mir zurückzog. Solange den Namen Amalia und Trenck der Zauberschleier des galanten Abenteuers umgehängt worden war, hatte diese gleiche Gesellschaft mit geflissentlicher Bereitschaft zugestimmt. Nun das Abenteuer zum Verbrechen gestempelt schien, verlor es seinen illegitimen Reiz und wurde verdächtig. Ich kümmerte mich auch darum nicht, im Gegenteil befriedigte es mein tödlich verwundetes Gefühl, daß ich den Meinungslosen ein Ärgernis gab und sie sich an mir reiben mußten. Ich begann, mich mit einem scharfzüngigen und bösartigen Witz zu rächen, der mir später den Beinamen der „fée malfaisante" eintrug – und auch ihn hatte mein Bruder Heinrich ersonnen.

Einige wenige aber gab es, die mir unverändert und, wie es scheinen wollte, mit verdoppelter Zärtlichkeit entgegenkamen. Zu ihnen gehörte der König. Er hatte gestraft. Die Strafe wurde in einer anderen, höheren Ebene vollzogen und hatte mit dem Wesen des Bruders nichts zu tun. Übrigens sprach er niemals ein Wort von der Affäre des Leutnants Trenck zu mir, so als habe es einen Offizier dieses Namens nicht gegeben. Ich dankte es ihm und schwieg wie er. Auch die Hofdame Agneta und der malende Junker Diest hielten mir die Treue, zu schweigen von der Kammerfrau mit dem pergamentenen Gesicht und Ax, dem Hunde, dessen Freudenausbrüche sich noch gesteigert hatten, so als wolle er an mir gutmachen, was ein ihm unbekanntes Element verschuldet haben mochte. Nur der Oberzeremonienmeister Pöllnitz schien unschlüssig, wie er sich zu stellen habe, und da sein Gewissen nicht rein war, ging er mir mit tänzelndem Anstand aus dem Wege. Übrigens zog er sich bald darauf für immer vom Hofe zurück.

Die Jahreszeiten wechselten, Sonne schien und Regen fiel, es schneite und die Welt begrünte sich neu. Da traf in Potsdam mit Eilstaffette eine Nachricht ein, die wie eine Bombe durchschlug. Der Leutnant Trenck war am hellichten Tage aus der Festung Glatz entwichen. Er hatte die Flucht lange und sorgfältig vorbereitet und einen zweiten Offizier namens Schell zum Begleiter gewonnen. Nachdem ihnen der goldene Schlüssel die inneren Kasematten geöffnet hatte, begann der schwerere Teil der Flucht. Die Wachen gaben Feuer, ohne zu treffen. Trenck schoß zurück und traf. Darauf sprang er vom äußeren Wall achtzig Fuß tief in den Festungsgraben hinab, Schell folgte, brach sich aber den Knöchel des rechten Fußgelenks. Trenck lud sich den Verletzten auf den Rücken, lief mit seiner Last auf Schleichwegen durchs Gebirge, schwamm durch Flüsse, lief weiter und erreichte vor den getäuschten Verfolgern die böhmische Grenze, die ihm die Freiheit gab.

Als ich diese Nachricht erhielt, ergriff mich merkwürdigerweise nicht so sehr die Tatsache der Flucht, an der ich kaum gezweifelt hatte, als die Bestätigung meines Gefühls. Es gab also etwas an diesem Trenck, das man bewundern durfte, und wenn es nur – wie ich es damals empfunden hatte – die körpergewordene Kraft war. Wenigstens hatte ich einen Mann geliebt, der sich nicht fürchtete, und liebte ihn immer noch. Das erstarrte und geschlagene Herz wurde noch einmal weit. Dabei war es beinah erheiternd, den Umschlag der sogenannten öffentlichen Meinung abzuhören. Trenck, das ließ sich nicht leugnen, hatte einen Zug auf dem Brett gewonnen. Diesen Zug hatte der König verloren. Es

Das prallvolle, reiche Leben dieses passionierten Reiters, der eines Tages, seinem Dämon folgend, aus der durch Geburt und Erziehung vorgezeichneten Bahn ausbricht, um für 30 Jahre als Dramaturg der Berliner Staatstheater an einem der großen Schaltwerke des Geistes zu wirken, bietet Stoff die Fülle. Aber wie vorsichtig, wie klug geht der erfahrene Erzähler mit seinem Stoff um! Durch drei Epochen unserer jüngsten Geschichte führt er den Leser, und wie die Schilderung sachlicher Zusammenhänge niemals die Farbigkeit eines höchst persönlichen Prismas verliert, so wird umgekehrt noch das Privateste mit reifer Weisheit zum Allgemeinen überhöht. Die 700 Seiten lesen sich wie ein Roman.

Westdeutsche Allgemeine, Essen

Das eben unterscheidet die Autobiographie Eckart von Nasos von so vielen anderen Lebensgedenkbüchern: hier ist nichts von Wehmut, und ebensowenig von einer sanften Ergebenheit, sondern man spürt die Dynamik des Lebens selbst, die den Menschen einmal hochhebt, das andere Mal in den Abgrund stürzt – eine Kraft, gegenüber der das Persönliche zurücktritt, um in der Bewährung um so klarer hervorzutreten.

Rheinische Post, Düsseldorf

---

728 Seiten Text und
16 Kunstdrucktafeln mit 28 Abbildungen
Leinen DM 17.80

ICH LIEBE
DAS LEBEN

ERINNERUNGEN

AUS FÜNF JAHRZEHNTEN

VON

ECKART VON NASO

—

WOLFGANG KRÜGER VERLAG

HAMBURG

kam auf den nächsten an. Aber Trenck war in Sicherheit. Also schien das Spiel remis und für alle Ewigkeit abgebrochen. Außerdem konnte kein Landesverräter sein, wer ein Held war. Freilich blieb Trenck ein Deserteur, und den roten preußischen Leutnantsrock der Garde du Corps hatte er jetzt für immer verloren. Doch die Flucht noch hatte ihm Ehre gemacht. Und jedenfalls standen die Meinungen hoch für Trenck, von dessen Flucht ein Glanz auch auf mich abfiel.

Nur der König rührte sich nicht. Er schwieg. Die Angelegenheit eines entwischten ehemaligen Reiterleutnants schien ihm die gleichgültigste von der Welt. Er hatte andere Dinge im Kopf, den Staat, die Armee, politische Kombinationen, die der Zukunft Preußens dienten. Was scherte ihn ein entlaufener Trenck. Vielleicht freute er sich sogar des gelungenen Reiterstückes und zollte ihm heimlich Beifall.

Die so dachten, kannten den König nicht. Friedrich hatte einmal aufgehorcht, da er die Sache von Glatz erfuhr, und dann geschwiegen. Doch witterte er die Gefahr, und wer gefährlich war, den ließ er nicht mehr aus der Hand.

Die Jahre gingen hin. Der König, hieß es, mache Jagd auf Trenck. Gewisses erfuhr man nicht. Einmal, zwischen Wien und Petersburg, wohin der ehemalige Leutnant der Garde du Corps sich begeben haben sollte, sei ein Detachement preußischer Reiter nahe daran gewesen, den von der Trenck in einem Gasthaus an der Grenze abzufangen. Doch habe er sich auf ein russisches Schiff retten können, das allerdings in Seenot geraten, dem preußischen Hafen Pillau aber mit knapper Not entronnen sei.

Dann wurde es wieder still. Trenck schien zum andern Male tot. Ich war Witwe, ohne einen Mann erkannt zu haben. Langsam starb die Blüte ab. Ich war jetzt dreißig Jahre, ein alterndes Mädchen vor den Augen einer Welt, die sich daran gewöhnt hat, Prinzessinnen im halben Kindesalter zu vermählen. Mir stand der Sinn nicht mehr nach Liebschaften und Abenteuern. Mir graute davor. Ich war in einem einzigen Feuer ausgebrannt, doch was an Resten unter der Asche glühend blieb, würde ich wie eine Vestalin hüten. Das hatte ich geschworen.

Es war im frühen Sommer 1753, als der engere Hof, wie fast in jedem Jahr, nach Rheinsberg übersiedelte. Das Schloß mit den zwei runden Ecktürmen lag an seinem schweigsamen See, drüben am anderen Ufer wuchsen, hoch und dunkel, die Wälder in den märkischen Himmel auf, und wenn man etwa aus dem runden Turmzimmer des Königs Ausschau hielt, so sah man weithin nichts anderes als Wasser, Himmel und Wald. Das war Rheinsberg, daran das Herz meines Bruders Friedrich seit seiner Jugend hing, und dort zogen wir, von Neuruppin kommend, mit einer kleinen Kavalkade von Reisewagen zu Anfang des Juni ein.

Seit die Schwestern verheiratet waren, hatte mir der König eine schmale Flucht von drei Zimmern einrichten lassen, sie grenzte an den Saal, in dem die Empfänge stattfanden. Das erste war mit roter Seide ausgeschlagen. Das zweite, als Teezimmer hergerichtet, zeigte eine alte und kostbare Sammlung chinesischer Tuschzeichnungen, die unter Glas an den Wänden hingen. Im dritten und letzten, zwischen goldgelber, ebenfalls chinesischer Seidenbespannung, schlief ich. Das Bett unter einem lichten Thronhimmel stand in eine Nische eingepaßt, gerade zum Fenster hin. Und wenn ich morgens aufwachte, fiel mein Blick sogleich auf die bezaubernde Front des Kavalierhauses, das, in das Theater übergehend, vom Schloß selbst durch ein ländliches, in sich gestuftes Gartenstück mit Hekken und Bosketts getrennt wurde. Dort war gut ruhen, wenn man glücklich war, und war man es nicht, so mochte es immer noch angehen.

In Rheinsberg also, wo Friedrich mehr ein bukolischer Edelmann denn ein König war, wohin stets nur einige wenige Getreue ihn begleiteten, denen er sich aufschloß, wollte auch ich beginnen, mich am beruhigten Gang der sommerlichen Tage wieder zu freuen. Ich ruderte mit Agneta auf dem See, der weit und unbewegt, das Licht widerspiegelnd, zwischen den bewaldeten Ufern lag, die zahmen schwarzen Schwäne umkreisten uns und schwammen weiter in einer seltsamen und fremden Hoheit, als wären sie allein auf der Welt. Ich ritt mit dem Stallmeister Henning durch den Wald, langsamer jetzt, wie es sich für Prinzessinnen schickt, und Ax, der Hund, noch immer unermüdlich hin und zurückjagend, ließ seine mächtige Stimme erschallen. Fielen aber die Pferde in Schritt, erfand er sich mit spitzaufgerecktem Kopf einen wiegenden Stechschritt, der den Gängen der Spanischen Reitschule Ehre gemacht hätte. Zwischendurch blieb er angespannt stehen, ins Geäste lauschend, und die Vorderpfote der Linken hing wie eine Fahne in der Luft. So ritten wir zu dritt, und der Wald war von harzenem Geruch erfüllt. Ich musizierte wieder, ich stickte und las, und manchmal dachte ich schon, daß es keine Wunde geben könne, die die Zeit nicht heilt.

Darin irrte ich. Ich wußte nicht, daß mir von allen Prüfungen die schwerste bevorstand – die nämlich, daß wir an uns selber irre werden, weil das eigene Herz uns verrät.

Es war nicht lange nach Pfingsten, als mein Bruder, der König, mich zu sich bitten ließ. Ich hatte keine Furcht mehr. Schlimmeres, als mir geschehen war, konnte nicht geschehen. Doch kam es noch schlimmer.

Der König saß in dem runden Turmzimmer, vor dem über dem Schreibtisch aufgestellten Pult. Er saß dort, die Flöte in Händen, doch ohne zu spielen, und schien ein Notenblatt zu studieren. Ich hatte niemals einen Menschen gesehen, dessen körperliche Gestalt eine so vollkommene Ruhe ausdrückte wie die des Königs. Man hätte es Versunkenheit nennen können, wenn nicht die gesammelte Wachheit des Auges bezeugt haben würde, daß der Geist tätig sei. Aber jetzt bemerkte ich, daß über die Noten ein Aktenblatt geschoben war, eng bedeckt mit Worten und Zahlen.

Der König wandte sich um, legte die Flöte aus der Hand, sah mir lange und aufmerksam ins Gesicht und sagte: „Kleine Schwester, ich hatte Ihnen vor Jahren einmal gewünscht, Sie möchten sich Ihre Jugend bewahren. Warum sind Sie meinem Wunsch nicht gefolgt?"

Wir blickten uns lächelnd an. Auch in seinem Antlitz standen schon die unverlierbaren Runen eingegraben, und ich antwortete: „Es liegt nicht an uns."

„Es liegt nur an uns. Vor allen Kreaturen haben wir den Willen voraus, und wer sich sein Schicksal nicht selber macht, verdient keines zu haben."

Ohne Furcht erwiderte ich: „Ich habe es versucht, Sie haben es mir zerbrochen, mein Bruder Friedrich."

„Das", sagte der König, sein Mund wurde streng, „war kein Schicksal, sondern ein Irrtum Ihres Blutes, Prinzessin Anna Amalia. Ich habe ihn richtiggestellt."

Es trat ein Schweigen ein, man hörte das Summen der Mücken, die um das geöffnete Fenster spielten.

„Ich habe Ihnen", begann mein Bruder wieder, „auch einmal das Wort unseres Vaters vom Leiden der Könige gesagt. Sie haben es nicht beherzigt oder anders, als es gemeint war. Darum bin ich es jetzt, der Ihnen Leiden bereiten muß, glauben Sie mir, meine Schwester, es schmerzt mich tief."

Da aber setzte ich mich zur Wehr. „Eure Majestät kann mich nicht tiefer verletzen, als sie es schon getan hat."

„Ich kann es, ich muß es, denn ich brauche Sie." Er fuhr mit seiner hellen, unbeirrbaren Stimme fort: „Ich habe Ihre Ehe mit dem Kronprinzen von Dänemark beschlossen."

Eine Blutwelle schoß mir zu Kopf, so stark, daß ich das Antlitz des Königs nur noch durch einen Nebel hindurch zu sehen vermochte. „Niemals", schrie ich auf und schämte mich dessen nicht, „niemals, und wenn Eure Majestät mich zu den Ratten von Glatz sperren läßt wie diesen armen Burschen

Trenck, der Ihnen doch entwischt ist und Sie auslacht."

Ich hatte den König zum Maßlosen reizen wollen, aber sein Antlitz verriet keinen Zorn. Für einen Augenblick war ein kleines gefährliches Lächeln in seinem Gesicht aufgetaucht und verging, um einer merkwürdigen Traurigkeit Platz zu machen. „Ist es darum", fragte er, „weil Sie diesem Trenck noch immer affektioniert sind?"

Ich starrte den König an, weil ich solche Milde nicht erwartet hatte, ich nickte wortlos und konnte es nicht hindern, daß mir plötzlich die Tränen aus den Augen stürzten.

„Seien Sie stark, Amélie", hörte ich Friedrichs Stimme, „Sie müssen es sein für das, was Sie hören werden. Ich kann es Ihnen nicht ersparen. Ich kann uns allen gar nichts ersparen, denn wir sind dem Staate verpflichtet, nicht uns. Aber ich bin nur der Richter, nicht der Büttel. Deshalb bitte ich Sie, unsern Kanzler Cocceji zu empfangen. Leben Sie wohl, meine Schwester." Er küßte mich schnell auf beide Wangen. Ich aber stand wie ein Stein und ging, als wäre ich nicht mehr in mir, in meine Zimmer zurück.

Nach einiger Zeit wurde der Großkanzler zu mir hereingeführt, ein kluger und bedeutsamer Mann von Welt, der die Stürme des menschlichen Herzens kannte, da sein Sohn der Tänzerin Barberina –

die mein Bruder, der König, ausgezeichnet und vielleicht geliebt hatte – in heimlicher Ehe angetraut war, ehe sie auch den jungen Cocceji wieder verließ.

Des Königs Majestät, begann der Kanzler, hätte ihn mit der Angelegenheit des ehemaligen Leutnants Trenck betraut, und er, Cocceji, habe jetzt – auf Befehl des Königs, gewiß nicht auf eigenen Wunsch – die Ehre, mich mit einigen Daten bekannt zu machen, die sich auf die nunmehrige Lebensführung des von der Trenck bezögen. Es sei darüber dem König bereits ein kurzes Memorandum eingereicht worden.

Ich erinnerte mich des Aktenblattes, das die Noten auf dem Pult bedeckt hatte, und bat den Kanzler zu beginnen. Anfangs unbeteiligt, als gälte alles dieses weder mir noch dem Mann Friedrich Trenck, hörte ich, was der Kanzler mit ruhiger, angenehm sachlicher Stimme berichtete.

Nachdem Trenck Österreich verlassen und sich schon im Westpreußischen einiger übler Wechselgeschichten schuldig gemacht hatte, die auf das Konto einer ihm ergebenen Dame gingen, war er durch den englischen Gesandten Lord Hyndford am russischen Hof vorgestellt worden und hatte sogleich einen Siegeszug angetreten, der einer besseren Sache wert gewesen wäre. Er verband sich der sechszehnjährigen, ungewöhnlich schönen Fürstin Naryschkin, die in Liebe für ihn entbrannte, obwohl sie – der Kanzler lächelte flüchtig – oder besser vielleicht weil sie mit einem sechzigjährigen Minister verlobt war, dessen Gewicht dreihundert Pfunde betragen haben solle. Die Beziehungen dauerten über die Hochzeit der Fürstin hinaus, währten jedoch nur drei Monate, da die Dame nach dieser Zeit an den Blattern erkrankte, weshalb es zu der zwischen beiden geplanten Flucht nicht mehr kam. Doch waren dem von der Trenck bereits der gesamte Schmuck der Fürstin, tausend Rubel in barem Geld sowie die Hochzeitsgeschenke des Ministers ausgehändigt worden. Da die Kranke in ihren Fieberphantasien die Beziehungen zu Trenck preisgab, wäre es zu einem Skandal gekommen, wenn die Dame nicht am fünften Tage ihrer Krankheit verstorben wäre. Immerhin behielt Trenck aus den ihm übergebenen Werten noch siebentausend Dukaten zurück.

Die sechzehnjährige Ministerin war noch kaum zur Erde bestattet worden, als sich Trenck der damals achtunddreißigjährigen Gräfin Bestuscheff verband, die, Witwe des Kaufmanns Böttger aus Hamburg, den russischen Kanzler eingefangen hatte. Die Beziehungen zur Kanzlerin machten Trenck nicht nur zum reichen – sondern auch, trotz seiner Jugend, zu einem der einflußreichsten Männer am russischen Hof. Sie retteten ihn aus einer üblen und dunklen Affäre, als ein Zeichenriß der russischen Festung Kronstadt bei ihm gefunden worden war, und trugen ihm noch bei dem im Jahre 1749 erfolgenden Abschied von der Bestuscheff viertausend Gulden ein. Übrigens waren ihm tausende von Gulden auch von der Zarin Elisabeth zugeflossen.

„Sind Sie am Ende?" fragte ich, vom Ekel gewürgt.

Der Kanzler sah auf und schüttelte den klugen, nur etwas zu feisten Kopf.

„Fahren Sie fort."

Inzwischen hatte der Pandurenoberst Franz Trenck am 4. Oktober 1749 auf der österreichischen Festung Spielberg, wo er gefänglich saß, im Alter von vierunddreißig Jahren seinem Leben mit einem ebenso frechen wie ungeheuerlichen Witz selbst ein Ende gemacht. Er behauptete, der heilige Franziskus habe ihm offenbart, er werde ihn an seinem Namenstage mittags zwölf Uhr in die Ewigkeit holen, nahm einige Minuten vorher starkes Gift und war beim Glockenschlage tot. Daraufhin reiste Friedrich Trenck unverzüglich nach Wien, um die Erbschaft des Obersten einzuziehen. Bei dieser Gelegenheit aber verlor er in dreiundsechzig Prozessen nicht nur sein eigenes, sondern auch das Geld des Vetters, geriet – ob mit Recht oder Unrecht, bleibe dahingestellt – in Falschmünzerverdacht und konnte froh sein, als Rittmeister beim Kordovaschen, in Ungarn garnisonierenden Kürassierregiment durch die Gnade der Kaiserin unterzukommen. Der Kanzler schwieg.

„Sind Sie am Ende?" fragte ich noch einmal und erhob mich von meinem Platz.

„Noch nicht ganz am Ende. Auf Befehl der Majestät habe ich ein Letztes zu berichten."

„Gehorchen Sie", sagte ich und sah starr durch das Fenster auf die Front des Kavalierhauses, die leicht und anmutig in das Theater überging.

Auch der Kanzler hatte sich erhoben. Seine Stimme war jetzt weniger fest als vorhin. „Es ist verbürgt und kein bloßes Gerücht, von Augen- und Ohrenzeugen erhärtet, daß der von der Trenck das Bild Dero Hoheit bei der Tafel Bestuscheff von Hand zu Hand gehen ließ, dazu den Brief, den ihm die Hoheit geschrieben hat."

Die Front des Kavalierhauses wurde undeutlich und verschwamm. Eine brausende Dunkelheit nahm von mir Besitz. Ich fühlte nicht mehr, daß der Kanzler zusprang, um mich zu stützen.

Ich war lange krank, fieberte, quälte mich, freute mich indessen der Müdigkeiten und Schmerzen, die es mir verboten, einen klaren Gedanken zu fassen. Manchmal sah ich im Traum eine rote Uniform, doch umschloß sie keinen Körper mehr. Wie eine Vogelscheuche hing sie an einer hölzernen Stange in die Luft.

Die Ärzte bemühten sich um mich, ich sah Agnetas dunkeläugiges Gesicht über mir, lächelte ihr zu oder versuchte es wenigstens und schlief wieder ein. Die Schmerzen in den Augen peinigten mich am ärgsten, ich konnte weder lesen noch schreiben, weder sticken noch nähen. Meistens lag ich mit geschlossenen Lidern still, als wäre ich schon tot.

Der König, sehr um mich besorgt, hatte mich der besseren Bequemlichkeit wegen nach Potsdam bringen lassen, und ich war es zufrieden. Das zärtliche Schloß am See, in dem man mir die furchtbare Arznei eingegeben hatte, blieb mir noch jahrelang grauenvoll.

Dann, eines Tages im November, es war der neunte, an dem ich geboren bin, erklärten mich die Ärzte für gesund. Mein Bett stand jetzt im Musikkabinett, dessen Fenster den Blick auf Lustgarten und Garnisonkirche gewähren, denn auch die zwei Balkonzimmer, in denen ich früher gelebt und geschlafen hatte, waren mir verhaßt.

Als die beiden Leibärzte des Königs gegangen waren, sagte ich zu Agneta: „Also ich bin jetzt gesund, gib mir einen Spiegel." Agneta stand mit hängenden Schultern da, sie ließ auch die Arme hängen, ihr Gesicht war bekümmert, und ein schräger Blick streifte mich, wie immer, wenn sie einer Sache nicht sicher ist. „Gib mir den silbernen Handspiegel, in dem ich mich betrachtet habe, damals, als ich das tatarische Kostüm mit der Mütze aus Pelz trug."

Die Hofdame wollte etwas erwidern, sprach es nicht aus, holte den Spiegel, zögerte, hielt ihn nicht selbst wie an jenem Abend und reichte ihn mir ohne Wort. Danach wandte sie sich ab und ging zum Fenster.

Ich hatte mich seit meiner Krankheit nicht mehr im Spiegel gesehen. Als es jetzt geschah, erschrak ich nicht einmal – ich begriff es nicht. Das war eine andere, eine alte Frau mit einem häßlichen Vogelgesicht, einer Geiernase und Augen, die froschig aus ihren Höhlen quollen. Die Gurgel war verdickt und stand vor. Ich schüttelte ungläubig den Kopf. Der Geierschnabel im Spiegelbild tat das gleiche. Ich war es und war es nicht mehr. Gott hatte mir die Schönheit genommen, da er mir die Liebe nahm.

„Ja, Agneta", sagte ich und ließ den Spiegel sinken. „Es ist wohl wahr, Amélie ist tot, nur die ‚fée malfaisante' lebt noch, und wenn man sie Anna Amalia nennt, so ist es des Guten schon fast zuviel. Doch auch das wird zu tragen sein. Und jetzt rufe mir die Höppner, ich will aufstehen und mich in eine Staatsrobe werfen. Wenigstens das Kleid soll schön sein, wenn mir der König zum Geburtstag gratuliert."

Die Hofdame blieb abgewandt und antwortete nicht. „Vielleicht", sagte ich noch, „hat auch die Häßlichkeit ihren Sinn. Nun wird mich der König dem dänischen Kronprinzen nicht mehr zur Frau geben."

Das Leben, das ich einmal so heiß geliebt hatte, dankte mir nicht, indem es mir wenigstens Ruhe ließ.

Der Rittmeister im Kordovaschen Kürassierregiment Friedrich Freiherr von der Trenck wurde in den ersten Julitagen 1754 auf Befehl des Königs in Danzig, auf neutralem Gebiet, verhaftet, als er es gewagt hatte, allen Gefahren zum Trotz seine Mutter im Ostpreußischen zu begraben.

Abermals lief die Kunde davon wie ein fressendes Feuer um. Es gab in Potsdam und Berlin kein anderes Gespräch mehr. Und wenn man Trencks Mut bewundern wollte, so entsetzte man sich gleichzeitig vor der furchtbaren Unbeirrbarkeit eines Königs, der sieben Jahre lang nicht müde geworden war, nach dem Kopf eines einzigen Mannes zu fahnden, den er als seinen Feind erkannt hatte.

Niemand aber, weder Freund noch Feind, wird verstehen, was die alt und häßlich gewordene Anna Amalia von Preußen tat, als sie die Nachricht erhielt, Trenck sei zum andern Male gefangen. Ich vergaß die Treulosigkeit und die Schlechtigkeit dieses Mannes, ich vergaß sogar den Schimpf, den er mir selber angetan hatte. Ich wußte nichts anderes, als daß Trenck der Gefangene des Königs war, der gleiche Trenck, dem einmal alles gehört hatte, was an dem Mädchen Amélie gut, schön und voll Jugend war. Ich kannte den Haß des Königs, ich wußte auch, daß es diesmal um Kopf und Kragen ging. So handelte ich.

Ich kaufte einen Unterhändler von Stand und schickte ihn an den Prinzen von Württemberg, der jenes Detachement befehligte, das Trenck zur Verhandlung nach Berlin bringen sollte. Der Unterhändler würde den Prinzen in meinem Namen bitten, Trenck zur Flucht zu verhelfen. Indem ich den Willen des Königs zu durchkreuzen versuchte, setzte ich mich einer Gefahr aus, die größer war, als ich selber es ahnte. Ich brachte auch den Prinzen, falls er meiner Bitte nachgeben sollte, in die gleiche Gefahr. Etwas aber, das stärker war als jedes Bedenken, trieb mich an.

Der Prinz, von Trencks offenbar immer noch bezwingendem Wesen angerührt und durch meine Bitte in seinem Gefühl bestärkt, gab dem Gefangenen tatsächlich die Gelegenheit, sich zu retten, so zwar, daß der Schein gewahrt wurde und die Umstände für die Möglichkeit einer Flucht sprechen konnten.

Das Unbegreifliche geschah. Trenck floh nicht.

Er erkannte die Gelegenheit wohl, dankte dem Prinzen für seine Ritterlichkeit, verzichtete jedoch auf die Flucht, da, wie er sagte, er nicht Gutes mit Bösem vergelten und nunmehr den Prinzen dem Zorn des Königs ausliefern wolle. Außerdem, habe er hochmütig fortgesetzt, sei er Offizier der Kaiserin, und der König von Preußen habe keinerlei Titel des Rechtes gegen ihn wie schon damals, da er, Trenck, nach Glatz in Haft gebracht worden sei. Also sähe er der Verhandlung mit Gelassenheit entgegen.

Daraufhin hatte der Prinz die Achseln gezuckt, weil des Menschen Wille bekanntlich sein Himmelreich ist, war weitergeritten und hatte seinen Gefangenen schließlich in dem vergitterten Zimmer über der Hauptwache am Berliner Neumarkt abgeliefert. Drei Tage später fand die Verhandlung statt.

Am Abend dieses Tages brachte ein Kurier dem König das Urteil nach Potsdam zur Unterschrift. Ich erfuhr weder den Wortlaut noch das Strafmaß des Urteils, doch erfuhr ich, daß der König mit einer plötzlichen und unbeherrschten Bewegung die Feder ergriffen, gestrichen und geschrieben habe und dabei gesagt: *„C'est un homme dangereux. Durant que j'existe, il ne verra pas le jour."*

Andern Tages wurde der Gefangene Trenck nach der Zitadelle Magdeburg in Marsch gesetzt.

Nach menschlichem Ermessen war der knapp Dreißigjährige lebendig begraben.

Miteins hatte mein Leben ein letztes Mal seinen Sinn bekommen. Ich fragte nicht mehr nach Liebe, Schönheit und den Stürmen des Blutes, ich kümmerte mich auch nicht mehr um Gut oder Böse, weil ich gelernt hatte, daß kein Mensch ganz gut und keiner ganz böse ist. Es kam allein auf die Mischung an. Die Trencksche Mischung war schlecht. Das hatte mir zum Leide gereicht. Doch blickte ich nicht mehr zurück. Es gab ein Ziel, das vor mir lag. Trenck mußte frei werden. Dann konnte ich beruhigt in die Grube fahren.

Nun war aber Magdeburg nicht Glatz, und die schlesische Kavaliershaft des Leutnants der Garde du Corps schien ein Kinderspiel gegen jene Haft, die jetzt über Trenck verhängt wurde. Wenn Friedrich einmal haßte, so haßte er so gründlich, daß unter diesem Haß kein Gras mehr wuchs. Der König, hörte man, hatte Trenck wie einen Schwerverbrecher mit Ketten an die Wände und den Boden seines Kerkers anschmieden lassen, und es hätte einer schon ein Engel Gottes sein müssen, wenn er solcher Fesselung durch die Flucht entkam. Trenck war es gewiß nicht – und es gelang ihm doch. Aber am Ende, zehn Jahre später, gelang die Rettung nicht ihm, sondern mir. Und auf diese

Gewißheit werde ich einmal in Frieden sterben können.

Zunächst war nichts anderes zu tun als das Übliche. Ich schickte Geld. Ich schickte dem Gefangenen viele Jahre hindurch Geld, ohne einen Absender zu nennen, aber Trenck würde wissen, von wem es kam, und wenn er es nicht erriet, so war es gleichviel. Das aber konnte geschehen, weil die Armee, die damals eine der besten der Welt war, aus Söldnern bestand. Söldner kämpfen wie die Teufel, wenn ein Soldat wie Friedrich sie führt – doch halten sie die Hand offen. Sie nehmen vom Freund und manchmal auch vom Feind. Zu einem Halbteil dienen sie für den König und die Ehre – und dann wieder um Verdienst. So fand ich Kanäle genug, durch die mein Geld seinen Weg nehmen konnte. Und gegen königliche Gewalt, die über das Recht hinausging, weil sie vom männlichen Haß diktiert war, setzte ich weibliche List, um die Waage wieder ins Lot zu bringen. Übrigens liebte ich Friedrich um dieser Maßlosigkeit willen, die der Kränkung meiner Ehre galt.

Es war etwas zwischen uns entstanden, das über Bruder und Schwester, Untertanin und König hinausging. Wie Zwillinge des Geschicks, von den Freuden der Liebe abgeschieden, lebten wir der einzigen Leidenschaft, uns im Dienst zu erschöpfen. Ich verglich mich nicht mit ihm. Sein Dienst war groß, der meinige klein. Sein Dienst galt fünf Millionen Preußen, der Armee und dem Staat. Mein Dienst galt einem Menschen, den ich liebte. Doch ist uns Frauen selten ein größeres Los gegeben. So tat ich, was mir richtig schien.

Übrigens war der König auf seinen Plan, mich mit dem dänischen Kronprinzen zu vermählen, seit jenem Rheinsberger Tage nicht mehr zurückgekommen. Sei es, daß meine körperliche Entstellung die Schuld trug, sei es, daß er der politischen Bindung nicht mehr bedurfte oder daß sein Mitleid die Staatsklugheit überwog – er selbst war es, der mein alterndes Magdtum förmlich und feierlich bestätigte, indem er mich zu Beginn des Jahres 1756 als Äbtissin des reichsunmittelbaren Frauenstiftes Quedlinburg inthronisierte. Ich folgte im Amt der Herzogin von Holstein-Gottorp nach, bei der ehemals – wie lange war das her – die Distelrode Ehrendienst getan hatte, jene gleiche Distelrode, die dem Kornett im roten Uniformrock nachgeschlichen und eine der Spioninnen unserer Liebe war. Der Ring wollte sich schließen. Doch siedelte ich nicht nach Quedlinburg über. Friedrich brauchte mich in Berlin. Und wenn wir uns auch selten sahen, so verstanden wir uns mit jedem Jahre mehr. Nachdem ich einmal angefangen hatte, das Dasein, das ich nicht mehr leben konnte, wenigstens zu denken, wuchs ich bald in das Spiel menschlicher und politischer Kombinationen hinein. Der Körper war schwach, häßlich und kränkelte, der Geist wurde scharf und klar.

Seit ich aber zu kränkeln begonnen hatte, kränkelte seltsamerweise auch Ax, der Hund; nicht so, daß er es an unbändiger Zärtlichkeit hätte fehlen lassen. Doch zeigte die schöne schwarze Schabracke seines gekräuselten Haares entstellende und blutige Flecke und die bernsteinfarbenen Augen verloren ihren Glanz. Manchmal, wenn ich im Garten meines Hauses saß, das ich jetzt in der Wilhelmstraße bewohnte, und der Hund mit heulenden Glückslauten auf mich zujagte, um sich auf seinen mächtigen Schenkeln niederzukauern und mich mit seinem trübe gewordenen Blick anzusehen, war in seinem Auge schon die Trauer der Kreatur, nicht mehr Liebe genug geben zu können, weil uns Geschöpfen allen eine kurze Spanne gelassen ist und wir die Unendlichkeit des Gefühls immer nur in Tropfen ausschöpfen können. Dann sagte ich und sprach mit ihm, wie ich selten mit einem Menschen gesprochen hatte, auch mit dem Leutnant in der roten Uniform nicht: „Ja, wir sind beide häßlich geworden, und von aller Schönheit und Kraft bleibt nur ein räudiges Stück, an dem sich die Fliegen ergötzen. Aber wenigstens haben wir gewußt, was Liebe ist, und du hast es mich besser gelehrt als irgendeiner sonst."

Der Hund saß, mit dem kurzen Schweif wedelnd, der edle spitze Kopf war mir in gläubiger Ergebenheit zugewandt. „Geh nur schon voran", sagte ich. „Wo wirklich und immer die Liebe ist, treffen wir uns wieder, ob Mensch oder Tier."

Eine Zeitlang freilich schien es besser mit ihm zu werden. Der alte Stallmeister Henning, den ich in meinen Dienst genommen hatte, obwohl ich nicht mehr ausreiten konnte, blieb um ihn bemüht. Dann aber kam der Tag, daß ich den Henning rufen ließ. „Mache Er es gnädig", sagte ich, „und sei Er deshalb hart. Er fühlt ja mit der Kreatur wie ich. Schieße Er dem Hund eine gute, schmerzlose Kugel vor den Kopf, wenn Er mir damit auch wieder ein Stück meiner Jugend totschießt."

Ax, der Hund, die Augen voll unendlichem Vertrauen auf mich gerichtet, folgte schnell und willig, als ihn der Stallmeister rief. Noch einmal lief er, freudig bellend, mit seinem tänzelnden Stechschritt neben dem alten Mann her, als habe er Schmerzen und Wunden vergessen. Dann fiel drüben, am Ende des Gartens, ein Schuß, und die unbändige Kraft, in der sich ein Stück der großen Liebe verkörpert zu haben schien, war von der Erde verschwunden.

Langsam wurde es leer um mich. Doch der Lärm wuchs. Wieder einmal ging die Vernichtung durch die Welt. Der Krieg der Sieben Jahre hatte begonnen. Es war der Krieg, der nach den ersten zündenden Erfolgen von Roßbach, Leuthen und Zorndorf am Rande des Abgrundes geführt wurde und nahe daran war, Armee, Staat und König in diesen Abgrund zu reißen. Ich aber, eine Frau und machtlos dazu, konnte nichts anderes tun als warten und horchen.

Ich horchte auf die Nachrichten vom Kriegsschauplatz und auf die anderen, die aus der Magdeburger Zitadelle zu mir drangen. Sie waren kaum gläublich, doch waren sie wahr. Dreimal hatte Trenck versucht auszubrechen. Dreimal waren die Versuche im letzten Augenblick an einem Ungefähr gescheitert.

Dieser Mann mußte die Künste eines Fakirs besitzen, daß es ihm gelungen war, sich aus den doppelt angeschmiedeten Ketten freizumachen, durch den zementenen Bauch der Zitadelle durchzugraben und Stollen zu treiben, um, zur Stunde der Visitation, immer wieder, in Ketten gefesselt, zur Stelle zu sein. Und der König, der Schlachten schlug, Kriegspläne ersann, auf der Erde schlief und – wie sein Widersacher – mit Messer und Zähnen kämpfte, brachte es wahrhaftig noch fertig, Strafen zu ersinnen, deren Grausamkeit mit den stets kühneren Erfindungen des Ausbrechers Schritt hielten. Es ehrte einen einzelnen Gegner, der Gefangener war, während doch der König schon die europäische und einen Teil der asiatischen Welt zu Gegnern hatte und sich mit ihnen wohl begnügen konnte. Doch blieb der eine Mann im Rücken gefährlich, und Friedrich unterschätzte keine Gefahr.

Dann kam 1760, das dunkelste Jahr des Krieges, als Russen und Österreicher durch Berlin streiften – wenn auch zaghaft genug –, und der Hof sich in den Schutz der Festung Magdeburg begab.

Ich ging oben über die Wälle der Sternschanze hin, und unter mir, unsichtbar, nur als Nähe gespürt, lebte ein Wesen, dem ich verbunden blieb, ein gespenstisches Dasein zwischen Kerkerdämmerung und ergebnisloser Flucht, vom Leiden ausgehöhlt und zugleich mit ihm verwachsen, immer neue Ströme von Energien aus dem einzigen Willen zur Freiheit ziehend, darum unempfindlich geworden gegen jenes Höchstmaß körperlicher Peinigung, das zu ertragen unmöglich schien.

Ich klagte nicht, ich trauerte nicht, ich ließ kein Gefühl an mich heran. Der König im Feld, Anna Amalia auf den Wällen der Zitadelle und der im Stein wühlende Maulwurf unter Tag – wir waren in die Hände des Schicksals geraten und mußten uns wehren. Nichts anderes gab es mehr. Wir standen, wo man uns hingestellt hatte, und kämpften unseren Kampf zu Ende, und fielen wir vorher, so ging der Kampf in den Lüften weiter, unter Geistern, wie es einstmals auf den katalaunischen Feldern geschehen sein soll.

Übrigens hatte ich ein Zeichen von Trenck erhalten, einen Becher aus Zinn, in das der Gefangene – wenn er nicht gerade auf Flucht sann – mit der Kunstfertigkeit eines gelernten Goldschmiedes Bilder und Verse gravierte, wozu er sich nur eines geschliffenen Brettnagels bediente. Der Becher war in zweiunddreißig Bildgruppen aufgeteilt, die umrahmende Schrift indessen so klein, daß sie nur mit dem Vergrößerungsglas gelesen werden konnte. Zur Stummheit verurteilt, schrieb Trenck in Zinn. Es sind solche Becher, wie man mir sagte, damals als Rarität gehandelt und mit Begier aufgekauft worden. Ich aber bewahre den Becher wie einen Brief.

Berlin war vom Feinde wieder frei geworden. Friedrichs Siege bei Liegnitz und Torgau schafften Luft. Der Hof kehrte in die Hauptstadt zurück. Vorher hatte ich für Trenck getan, was zu tun war. Die Freiheit konnte ihm nur der König geben oder der Gefangene sich selbst.

Er versuchte es – wiederum dreimal. Er hatte Magdeburg mit den dort gefangen gehaltenen Kroaten für Österreich erobern wollen. Der Plan wurde über Wien verraten. Dann hatte der damalige Gouverneur der Festung, der Erbgraf von Kassel, einen weiteren Ausbruchsversuch verhindert, indem er Trenck, gegen Erleichterungen der Haft, das Ehrenwort abnahm, nicht zu fliehen. Trenck hielt es. Als aber Kassel Landgraf wurde, der Herzog von Braunschweig-Bevern an seine Stelle trat und der Krieg im Oktober 1762 zu Ende gegangen war – mit jener Schlacht von Freiberg, die mein ruhelos ehrgeiziger Bruder Heinrich gewann –, spielte Trenck seine letzte und größte Karte aus. Sie sollte den Sieger Friedrich besiegen. Doch schlug sie abermals fehl. Trenck hatte seine Flucht bis zum Äußersten vorbereitet und den unterirdischen Stollen diesmal soweit vorgetrieben, daß er sich tatsächlich schon in Freiheit befand. Darauf war er zurückgekehrt, hatte sich dem Braunschweiger melden lassen, ihn gebeten zu folgen, hatte ihm den Stollen gezeigt und voller Hochmut gesagt: Der König von Preußen solle erfahren, daß er frei gewesen, darum gerade freiwillig in seine Gefangenschaft zurückgekehrt sei.

Als Friedrich es erfuhr, gab er Befehl, den von der Trenck unverzüglich wieder in Ketten zu schmieden. Der Gealterte, der sieben Jahre lang am Rande des Lebens gekämpft hatte, war in eine solche magische Einsamkeit hineingewachsen, daß er die Geschöpfe unter sich schon mit den nicht zu trügenden Augen eines Gottes sah. Groß und

Klein, Hoch und Niedrig wurden gleich vor seinem Blick. Es gab keine noch so betörende ritterliche oder auch nur theatralische Geste, die imstande gewesen wäre, ihm ein Lächeln abzulocken.

Jetzt aber war meine Stunde gekommen. Ich gewann um zehntausend Dukaten einen allmächtigen Mann, der zugleich eine der bescheidensten und freundlichsten Erscheinungen des Jahrhunderts genannt werden durfte. Es war Christoph Stockel, der Kaminheizer der Kaiserin. Er spielte die Rolle eines Ministers ohne Portefeuille – und wenn er eines Portefeuilles zum Ausweis bedurft hätte, so war es der gesunde Menschenverstand oder die Menschlichkeit an sich. Maria Theresia fragte ihn ebenso um Rat, wie sie auf seinen ungefragten Rat hörte. Und sie fuhr gut dabei, weil dem einfachen Gemüt des Kaminheizers jene Weisheit in die Wiege gelegt worden war, die man bei Kaisern und Königen so häufig vermißt hat.

Dieser Christoph Stockel also trug – als wäre der Gedanke bei ihm entstanden – der Kaiserin meinen Wunsch vor, Trenck vom König freizubitten. Und Maria Theresia tat es. Es war die erste Bitte, die sie dem Sieger nach drei verlorenen Kriegen um Schlesien aussprach. Friedrich mußte sie erfüllen. Aber Monate vergingen noch. Dann eines Tages im Dezember ließ der König mich rufen.

Das faltige, abgezehrte Gesicht des Einundfünfzigjährigen, in dem nur die wunderbaren Augen jung zu bleiben schienen, war mir, da ich eintrat, aufmerksam, fast lauschend zugekehrt. Schweigsam reichte er mir den Brief der Kaiserin. Ich las ihn und ließ ihn sinken. Wir sahen uns an, wir sahen die furchtbaren Zerstörungen der Jahre, die uns ausgehöhlt, doch nicht zerbrochen hatten, und der Schein eines fernen Lächelns zog sich um des Königs schmalgewordenen Mund. Dann sprach er. „Die Frau Äbtissin von Quedlinburg hat wohl den Brief diktiert?"

Ich fürchtete mich nicht. Es gab in dieser Stunde nur die Wahrheit und sonst nichts. Ich nickte wortlos.

Der König sann vor sich hin. Draußen die Bittschriftenlinde, kahl entlaubt, bewegte sich im winterlichen Wind. „Der Trenck ist ein eitler, schlechter Kerl, er hat uns in unserer Ehre und in unserem Hause gekränkt." Großartig unwirklich ging der Pluralis Majestatis, wie ihn die Könige gebrauchen, in der Blutsverbundenheit der Geschwister auf, man konnte beide nicht trennen. „Aber er hat wenigstens Courage bewiesen und sich nicht unterkriegen lassen." Der König erhob sich schwer, die Gicht vom Kriege hatte ihn krumm gezogen. Er stand jetzt vor mir, klein, gebrechlich und überwältigend in der einsamen Majestät, die von ihm ausging. „Er war die Tränen und die Schönheit nicht wert, Amélie, doch will ich sie ihm zugute halten."

Er klingelte. Der Adjutant trat ein. „Sage Er dem Schlieben, er soll gleich nach Magdeburg abreiten, dann kommt er noch als Weihnachtsengel zurecht. Der Trenck ist frei. Aber er soll sich schleunigst außer Landes machen, sonst setze ich ihn wieder fest."

Der Adjutant war gegangen. Ich trat auf den König zu, hob seine Hand auf und küßte sie.

„Ach, Amélie", sagte der König ungerührt, er war schon wieder in die Ferne zurückgekehrt, die niemand erreichen konnte, „danken Sie mir nicht. Danken Sie Ihrem Gott oder Ihrer eigenen Zähigkeit. Und damit mag es nun sein Bewenden haben."

Der Sinn meines Lebens hatte sich erfüllt. Doch schien es beinahe, als müsse immer wieder als Satyrspiel enden, was als Tragödie begonnen war. Nicht nur daß Trenck, da ihm der Kurier Graf Schlieben am 24. Dezember 1763 die Freiheitsbotschaft gebracht hatte, sich als erstes eine neue österreichische Rittmeisteruniform schneidern ließ, die auch wirklich bis zum nächsten Feiertagsmorgen fertig wurde – er ging weiterhin nach Aachen, heiratete die Tochter des Bürgermeisters, zeugte Töchter und Söhne und verbrachte im übrigen seine Zeit und sein Geld damit, Prozesse um österreichische Erbschaften zu führen, die niemals Erfolg hatten. Er gab sich als Schwätzer und Querulant, schrieb eitle und lügenhafte Memoiren, die freilich weder des schriftstellerischen Talentes noch der Spannung entbehrten und in denen er meinen Namen verschwieg, weniger wohl aus Ritterlichkeit als aus Furcht vor dem König. Ich liebte ihn nicht mehr. Weil ich aber meine Jugend geliebt hatte und der Mann Friedrich Trenck dieser Jugend Insiegel und Wahrzeichen gewesen war, fuhr ich fort, mein Gefühl von ihm zu lieben, und hütete es wie ein Heiligtum.

Ich wohnte während der Wintermonate in meinem Haus Unter den Linden, im Sommer in jenem kleinen Palais der Wilhelmstraße mit dem Garten, in dem eines der Vermächtnisse meiner Jugend begraben liegt, mag es auch nur ein Hund gewesen sein. Der ihn betreut hatte, der Stallmeister Henning, war tot. Auch die Kammerfrau war tot. Nur Agneta, die Hofdame, lebte noch ihr stilles, verschlossenes, alterndes Leben neben mir.

Ich hatte Umgang mit klugen Männern und Frauen. Insonderheit war ich dem Hofprediger Johann Friedrich Wilhelm Jerusalem in Braunschweig Dank schuldig, der mich den Dingen der Religion nahebrachte, und es ist mir schon lange nicht mehr zweifelhaft, wer jenes augustinische ‚Du' sein mag, in dem allein unser unruhiges Herz Ruhe findet. Übrigens hatte sich ein Neffe des Predigers, Carl Wilhelm Jerusalem, in der Reichsstadt

Wetzlar aus Liebesgram erschossen. Dieser Vorfall gab den Stoff zu einem Roman, der jetzt viel gelesen wird. Sein Verfasser heißt Goethe, der Roman ‚Werthers Leiden‘. Ich habe ihn auch gelesen, aber ich glaube an die Weichheit der Gefühle nicht mehr – nur an ihre Härte. Und das ist gut.

An den Silvesterabenden speise ich beim König in jenem kleinsten Kreis, den man die Tâble de confidence nennt. Dann stoßen wir auf das neue Jahr an, das uns weiter altern macht.

Als ich fünfzig Jahre war, erkrankte ich schwer, überwand die Krise jedoch. Denn es mußte wohl etwas der Erfüllung harren, das noch nicht getan und geschehen war. Damals schrieb ich meiner Schwester Braunschweig, mit der mich eine immer tiefere Freundschaft verbindet: „*J'ai rendue mes quittances à l'amour, sans en avoir fait usage, et suis charmée, d'en être quitte.*" Und das ist die Wahrheit. Es gibt in meinem Leben nichts mehr, das nicht klar und wahr wäre. Diese Erkenntnis allein macht mich noch froh.

Mit dreiundfünfzig Jahren verlor ich ein Auge und einen Arm. Die Operation war lebensgefährlich und schmerzhaft zugleich, doch überstand ich sie, wie ich noch alles überstanden habe, was mir zu tragen gegeben ist. Ich bin Friedrichs Schwester und werde es bis zum Tode sein. Aber ich gleiche schon einer Vogelscheuche mehr als einer Äbtissin von Quedlinburg, geschweige denn der Anna Amalia von Preußen.

Als der König gestorben war, den man den Großen genannt hat, geschah, worauf ich, ohne es zu wissen, gewartet hatte, und wofür ich unter Krankheiten und Schmerzen gealtert war. Ich sah Trenck wieder.

Ich sah ihn in einer preußischen Stadt an der Grenze wieder, denn der Machtbefehl des Königs, meines Bruders, war jetzt erloschen. Und in dem Gasthof, wo ich unter fremdem Namen abgestiegen war, sagte ich zu Agneta: „Nun mußt du ihn zu mir hereinführen, wie du es so oft getan hast. Ich verspreche dir, es wird das letzte Mal sein."

Da ging die Hofdame und kehrte mit Trenck zurück. Wir erkannten uns nicht mehr. Zwei Gespenster, aus dem Schattenreich in die atmende Welt zurückgerufen, standen sich gegenüber. Wie ging das zu, daß der Kornett im roten Rock sich in diesen ausgemergelten Greis verwandelt haben konnte, von dem nur noch die breitgestellten Augen übrig geblieben schienen – und das Mädchen in der Mütze aus tatarischem Pelz zur einäugigen Krähe geworden war?

Dann, seltsam vergessend, lächelten wir uns zu. Wir sahen nicht mehr die entstellten Körper, wir sahen durch sie hindurch nichts anderes als das behütete Bild. Noch einmal wurden wir schön. Der Kornett war zu Amélie gekommen, und sie liebte ihn oder sie liebte ihre Liebe zu ihm, welches vor Gott das gleiche ist. Darauf trennten wir uns wieder. Und es war der Abschied für dieses Leben.

Anna Amalia starb noch im gleichen Jahr, vierundsechzig Jahre alt. Ihre Totenmaske mit den langen scharfen, männlichen Zügen war – von den Geschwistern – der des Königs am ähnlichsten.

Friedrich von der Trenck überlebte sie um sieben Jahre. Er starb siebzigjährig, wie er gelebt hatte, und der Tod weihte den Abenteurer, Schwätzer und Querulanten ein letztes Mal zum Mann. Sein Kopf fiel in Paris unter dem Messer der Guillotine. Ehe es geschah, stand er, die Arme verschränkt, und sah furchtlos neunundzwanzig Köpfe fallen. Sein Kopf machte den Beschluß. Als er das Schafott schon bestiegen hatte, drehte er sich noch einmal um. „Was gafft Ihr? Das ist eine Komödie, aber sie ist schlecht." Sie war schlecht wie die Komödie seines Lebens, die nur durch die Liebe der Anna Amalia geadelt wurde.